Dieser Band enthält – links englisch, rechts deutsch – sechs Erzählungen aus der ersten klassischen Zeit der amerikanischen Literatur: der zweiten Hälfte des 19. Jahrhunderts. Die Autoren sind Bret Harte (1839–1902), Jack London (1876–1916), Nathaniel Hawthorne (1804–1864), Edgar Allan Poe (1809–1849), Herman Melville (1819–1891), Mark Twain (1835–1910).

dtv zweisprachig · Edition Langewiesche-Brandt

American Short Stories (2)

Amerikanische Kurzgeschichten (2)

Übersetzung von Maria von Schweinitz

dtv

Deutscher Taschenbuch Verlag

Deutscher Taschenbuch Verlag GmbH & Co. KG, München
13. Auflage Januar 1993
© 1956 Langewiesche-Brandt, Ebenhausen bei München
Umschlaggestaltung: Celestino Piatti
Gesamtherstellung: Kösel, Kempten
ISBN 3-423-09006-5 · Printed in Germany.

Bret Harte 6·7
The Outcasts of Poker Flat · Die Geächteten von Poker Flat

Jack London 34·35
The Law of Life · Das Gesetz des Lebens

Nathaniel Hawthorne 52·53
Wakefield · Wakefield

Edgar Allan Poe 74·75
The Tell-Tale Heart · Das Herz, das nicht schweigen wollte

Herman Melville 88·89
The Fiddler · Der Geiger

Mark Twain 106·107
A Table-Talk · Ein Tischgespräch

Bret Harte: The Outcasts of Poker Flat

As Mr. John Oakhurst, gambler, stepped into the main street of Poker Flat on the morning of the 23d of November, 1850, he was conscious of a change in its moral atmosphere since the preceding night. Two or three men, conversing earnestly together, ceased as he approached, and exchanged significant glances. There was a Sabbath lull in the air, which, in a settlement unused to Sabbath influences, looked ominous.

Mr. Oakhurst's calm, handsome face betrayed small concern in these indications. Whether he was conscious of any predisposing cause was another question. "I reckon they're after somebody," he reflected; "likely it's me." He returned to his pocket the handkerchief with which he had been whipping away the red dust of Poker Flat from his neat boots, and quietly discharged his mind of any further conjecture.

In point of fact, Poker Flat was "after somebody." It had lately suffered the loss of several thousand dollars, two valuable horses, and a prominent citizen. It was experiencing a spasm of virtuous reaction, quite as lawless and ungovernable as any of the acts that had provoked it. A secret committee had determined to rid the town of all improper persons. This was done permanently in regard to two men who were then hanging from the boughs of a sycamore in the gulch, and temporarily in the banishment of certain other objectionable characters. I regret to say that some of these were ladies. It is but due to the sex, however, to state that their impropriety was

Bret Harte: Die Geächteten von Poker Flat

Als der Spieler John Oakhurst am Morgen des 23. November 1850 auf die Hauptstraße von Poker Flat hinaustrat, merkte er, daß sich die moralische Stimmung der Stadt seit der vorigen Nacht verändert hatte. Zwei oder drei Männer, die ernsthaft miteinander sprachen, verstummten, als er näher kam, und wechselten bedeutungsvolle Blicke. In der Luft lag eine sonntägliche Stille, die verdächtig wirkte an einem Ort, der sonst nicht an die Auswirkungen des Sonntags gewöhnt war.

Herrn Oakhursts angenehmes, ruhiges Gesicht verriet wenig Interesse an diesen Anzeichen. Ob er sich eines Anlasses bewußt war, der dies vorbereitet hatte, war eine andere Frage. „Ich vermute, sie sind hinter jemand her", dachte er. „Wahrscheinlich bin ich es." Er steckte das Taschentuch wieder ein, mit dem er den roten Staub von Poker Flat von seinen eleganten Stiefeln gewischt hatte, und belastete seine Gedanken mit keinen weiteren Mutmaßungen.

Poker Flat war tatsächlich „hinter jemand her". Es hatte kürzlich den Verlust von mehreren tausend Dollar, zwei wertvollen Pferden und einem angesehenen Bürger erlitten. Nun erlebte es einen sprunghaften Rückschlag zur Tugend, der nicht weniger unbeherrscht und gesetzlos war als die Taten, die ihn ausgelöst hatten. Durch ein geheimes Komitee war beschlossen worden, die Stadt von allen unliebsamen Elementen zu befreien. Dies geschah *endgültig* mit zwei Männern, die bereits an den Zweigen einer Sykomore in der Schlucht hingen, und *zeitweilig* durch die Verbannung gewisser anderer anrüchiger Personen. Leider muß ich sagen, daß bei diesen auch zwei Damen waren. Es ist dem schönen Geschlecht gegenüber nur billig, festzustellen, daß ihr Mangel an Ehrbarkeit berufsmäßiger Natur war, und

professional, and it was only in such easily established standards of evil that Poker Flat ventured to sit in judgment.

Mr. Oakhurst was right in supposing that he was included in this category. A few of the committee had urged hanging him as a possible example and a sure method of reimbursing themselves from his pockets of the sums he had won from them. "It's against justice," said Jim Wheeler, "to let this yer young man from Roaring Camp – an entire stranger – carry away our money." But a crude sentiment of equity residing in the breasts of those who had been fortunate enough to win from Mr. Oakhurst overruled this narrower local prejudice.

Mr. Oakhurst received his sentence with philosophic calmness, none the less coolly that he was aware of the hesitation of his judges. He was too much of a gambler not to accept fate. With him life was at best an uncertain game, and he recognized the usual percentage in favor of the dealer.

A body of armed men accompanied the deported wickedness of Poker Flat to the outskirts of the settlement. Besides Mr. Oakhurst, who was known to be a coolly desperate man, and for whose intimidation the armed escort was intended, the expatriated party consisted of a young woman familiarly known as "the Duchess"; another who had won the title of "Mother Shipton"; and "Uncle Billy," a suspected sluice robber and confirmed drunkard. The cavalcade provoked no comments from the spectators, nor was any word uttered by the escort. Only when the gulch which marked the uttermost limit of Poker Flat was reached, the leader spoke briefly and to the point. The exiles were forbidden to return at the peril of their lives.

daß Poker Flat auch nur bei derartig leicht festzusetzenden Maßstäben für den Begriff „Sünde" es wagte, zu Gericht zu sitzen.

Herr Oakhurst irrte nicht in der Annahme, daß er zu dieser Klasse gehörte. Einige Männer vom Komitee hatten darauf gedrungen, ihn zu hängen als ein *mögliches* Exempel und als ein *sicheres* Mittel, sich aus seinen Taschen schadlos zu halten für die Summen, die er ihnen abgewonnen hatte. „Es ist gegen jede Billigkeit", sagte Jim Wheeler, „diesen jungen Mann aus Roaring Camp – einen völlig Fremden – unser Geld wegtragen zu lassen." Aber ein dumpfes Rechtlichkeitsgefühl in der Brust derjenigen, die so glücklich gewesen waren, ihrerseits Herrn Oakhurst etwas abzugewinnen, überstimmte eine so engherzige lokale Voreingenommenheit.

Herr Oakhurst empfing sein Urteil mit philosophischer Ruhe und um so kaltblütiger, als er das Zögern der Richter gemerkt hatte. Er war zu sehr Spieler, um sich nicht mit dem Schicksal abzufinden. Für ihn war das Leben bestenfalls ein ungewisses Spiel, und er lehnte sich nicht auf gegen den gewöhnlichen Prozentsatz zugunsten dessen, der die Karten auszuteilen hat.

Ein Trupp bewaffneter Männer begleitete das nunmehr ausgewiesene Laster von Poker Flat bis zur Stadtgrenze. Außer Herrn Oakhurst, der als kalt verwegener Mann bekannt war und den das bewaffnete Geleit einschüchtern sollte, bestand die Gesellschaft der Geächteten aus einer jungen Frau, die man gewöhnlich „die Herzogin" nannte, einer zweiten, die sich die Bezeichnung „Mutter Shipton" erworben hatte, und „Onkel Billy", einem vermutlichen Plünderer fremder Goldwasch-Rinnen und eingefleischten Trunkenbold.

Die Reiter forderten keinerlei Bemerkungen der Zuschauer heraus, und auch die Bewacher sprachen kein Wort. Nur als die Schlucht erreicht war, die als äußerste Grenze von Poker Flat galt, sagte der Anführer kurz und sachlich: es sei den Geächteten bei Lebensgefahr verboten, in die Stadt zurückzukehren.

As the escort disappeared, their pent-up feelings found vent in a few hysterical tears from the Duchess, some bad language from Mother Shipton, and a Parthian volley of expletives from Uncle Billy. The philosophic Oakhurst alone remained silent. He listened calmly to Mother Shipton's desire to cut somebody's heart out, to the repeated statements of the Duchess that she would die in the road, and to the alarming oaths that seemed to be bumped out of Uncle Billy as he rode forward. With the easy good humor characteristic of his class, he insisted upon exchanging his own riding-horse, "Five-Spot," for the sorry mule which the Duchess rode. But even this act did not draw the party into any closer sympathy. The young woman readjusted her somewhat draggled plumes with a feeble, faded coquetry; Mother Shipton eyed the possessor of "Five-Spot" with malevolence, and Uncle Billy included the whole party in one sweeping anathema.

The road to Sandy Bar — a camp that, not having as yet experienced the regenerating influences of Poker Flat, consequently seemed to offer some invitation to the emigrants — lay over a steep mountain range. It was distant a day's severe travel. In that advanced season the party soon passed out of the moist, temperate regions of the foothills into the dry, cold, bracing air of the Sierras. The trail was narrow and difficult. At noon the Duchess, rolling out of her saddle upon the ground, declared her intention of going no farther, and the party halted.

The spot was singularly wild and impressive. A wooded amphitheatre, surrounded on three sides by precipitous cliffs of naked granite, sloped gently toward the crest of another precipice that overlooked the valley. It was, undoubtedly, the most suitable

Als der Trupp verschwand, machten sich die zurückgedämmten Gefühle der Ausgewiesenen Luft – bei der Herzogin durch einige hysterische Tränen, bei Mutter Shipton durch unflätige Schimpfworte, bei Onkel Billy durch einen Strom von Flüchen. Nur der philosophische Oakhurst blieb schweigsam. Gelassen vernahm er Mutter Shiptons Wunsch, irgend jemand das Herz aus der Brust zu reißen, die wiederholten Versicherungen der Herzogin, sie würde am Straßenrand sterben, und die beängstigenden Flüche, die Onkel Billy ausstieß, während er weiterritt. Mit der Gutmütigkeit, die für Leute seines Schlages so bezeichnend ist, bestand Herr Oakhurst darauf, sein eigenes Reitpferd „Five-Spot" gegen das klägliche Maultier auszutauschen, das die Herzogin ritt. Aber nicht einmal diese Handlung entlockte den Gefährten freundlichere Gefühle. Die junge Frau glättete mit matter, fadenscheiniger Koketterie ihre etwas mitgenommenen Straußenfedern, Mutter Shipton beäugte den Besitzer von „Five-Spot" voll Mißgunst, und Onkel Billy umfaßte die ganze Gesellschaft mit einer einzigen schwungvollen Verwünschung.

Die Straße nach Sandy Bar – einem Ort, der die bessernden Einflüsse von Poker Flat noch nicht verspürt hatte und daher den Auswandernden recht einladend erschien – lag hinter einer steilen Bergkette. Es war eine reichliche Tagesreise dorthin. In dieser vorgerückten Jahreszeit gelangte die Gesellschaft bald aus dem feuchten, gemäßigten Gebiet der Vorberge in die trockene, kalte, erfrischende Luft der Sierras.

Der Pfad war eng und mühselig. Um Mittag ließ sich die Herzogin aus dem Sattel einfach auf die Erde rollen und erklärte, sie beabsichtige nicht, weiterzureiten; und der kleine Trupp machte halt.

Es war eine eigenartig wilde, romantische Stelle. Ein waldiges Amphitheater, an drei Seiten von steilen Klippen aus nacktem Granit umgeben, fiel sanft ab bis zum Rand einer anderen Steilklippe, die das Tal überschaute. Hier war zweifellos der geeignetste Platz für ein Lager – wenn das Lagern im Freien über-

spot for a camp, had camping been advisable. But Mr. Oakhurst knew that scarcely half the journey to Sandy Bar was accomplished, and the party were not equipped or provisioned for delay. This fact he pointed out to his companions curtly, with a philosophic commentary on the folly of "throwing up their hand before the game was played out." But they were furnished with liquor, which in this emergency stood them in place of food, fuel, rest, and prescience. In spite of his remonstrances, it was not long before they were more or less under its influence. Uncle Billy passed rapidly from a bellicose state into one of stupor, the Duchess became maudlin, and Mother Shipton snored. Mr. Oakhurst alone remained erect, leaning against a rock, calmly surveying them.

Mr. Oakhurst did not drink. It interfered with a profession which required coolness, impassiveness, and presence of mind, and, in his own language, he "couldn't afford it." As he gazed at his recumbent fellow exiles, the loneliness begotten of his pariah trade, his habits of life, his very vices, for the first time seriously oppressed him. He bestirred himself in dusting his black clothes, washing his hands and face, and other acts characteristic of his studiously neat habits, and for a moment forgot his annoyance. The thought of deserting his weaker and more pitiable companions never perhaps occurred to him. Yet he could not help feeling the want of that excitement which, singularly enough, was most conducive to that calm equanimity for which he was notorious. He looked at the gloomy walls that rose a thousand feet sheer above the circling pines around him, at the sky ominously clouded, at the valley below, already deepening into shadow; and, doing so, suddenly he heard his own name called.

haupt ratsam gewesen wäre. Aber Herr Oakhurst wußte, daß sie erst knapp die halbe Reise nach Sandy Bar hinter sich hatten, und für eine Verzögerung weder ausgerüstet noch mit Proviant versehen waren.

Er wies seine Gefährten kurz auf diese Tatsachen hin, mit einer gelassenen Bemerkung über die Torheit, „die Karten hinzuwerfen, ehe die Partie ausgespielt sei". Aber sie waren gut mit Schnaps versorgt, der ihnen in dieser Notlage Nahrung, Brennstoff, Ruhe und Besonnenheit ersetzte. Trotz Oakhursts Warnungen dauerte es nicht lange, bis sie mehr oder weniger unter dem Einfluß des Alkohols standen. Onkel Billy geriet bald aus seiner kriegerischen in eine stumpfsinnige Verfassung, die Herzogin wurde weinerlich, Mutter Shipton schnarchte. Nur Herr Oakhurst blieb aufrecht stehen, an einen Felsen gelehnt, und betrachtete sie ruhig.

Herr Oakhurst trank nicht. Es beeinträchtigte ein Gewerbe, das Kaltblütigkeit, Gleichmut und Geistesgegenwart forderte, und deshalb „konnte er es sich nicht leisten", wie er selbst sagte. Als er seine am Boden lagernden Leidensgenossen ansah, bedrückte ihn zum ersten Mal ernstlich die durch seinen verachteten Beruf, seine Lebensgewohnheiten – und eben durch seine Laster hervorgerufene Einsamkeit. Er suchte sich etwas zu tun, staubte seinen schwarzen Rock ab, wusch sich Hände und Gesicht und tat auch sonst allerlei, was für seine peinliche Ordnungsliebe bezeichnend war. Darüber vergaß er einen Augenblick seinen Verdruß. Der Gedanke, seine Gefährten, die schwächer und armseliger waren als er, zu verlassen, kam ihm vielleicht gar nicht. Dennoch spürte er unwillkürlich den Wunsch nach jener Erregung, die in ihm, seltsam genug, meistens die ruhige Gelassenheit erzeugte, für die er berüchtigt war.

Er sah auf die düsteren Wände, die über dem Tannenrund tausend Fuß steil emporstiegen, auf den verdächtig bewölkten Himmel und auf das Tal darunter, das schon dunkel wurde. Und während er so stand, hörte er plötzlich seinen Namen rufen.

A horseman slowly ascended the trail. In the fresh, open face of the newcomer Mr. Oakhurst recognized Tom Simson, otherwise known as "The Innocent," of Sandy Bar. He had met him some months before over a "little game," and had, with perfect equanimity, won the entire fortune — amounting to some forty dollars — of that guileless youth. After the game was finished, Mr. Oakhurst drew the youthful speculator behind the door and thus addressed him: "Tommy, you're a good little man, but you can't gamble worth a cent. Don't try it over again." He then handed him his money back, pushed him gently from the room, and so made a devoted slave of Tom Simson.

There was a remembrance of this in his boyish and enthusiastic greeting of Mr. Oakhurst. He had started, he said, to go to Poker Flat to seek his fortune. "Alone?" No, not exactly alone; in fact (a giggle), he had run away with Piney Woods. Didn't Mr. Oakhurst remember Piney? She that used to wait on the table at the Temperance House? They had been engaged a long time, but old Jake Woods had objected, and so they had run away, and were going to Poker Flat to be married, and here they were. And they were tired out, and how lucky it was they had found a place to camp, and company. All this the Innocent delivered rapidly, while Piney, a stout, comely damsel of fifteen, emerged from behind the pine-tree, where she had been blushing unseen, and rode to the side of her lover.

Mr. Oakhurst seldom troubled himself with sentiment, still less with propriety; but he had a vague idea that the situation was not fortunate. He retained, however, his presence of mind sufficiently to kick Uncle Billy, who was about to say something, and

Ein Reiter kam langsam den Pfad herauf. In dem frischen, offenen Gesicht des Neuankömmlings erkannte Oakhurst den jungen Tom Simson, den man spöttisch „den Harmlosen" nannte, aus Sandy Bar. Er hatte ihn vor mehreren Monaten bei einem „Spielchen" getroffen, und hatte mit Seelenruhe dem arglosen Jungen sein ganzes Vermögen (es waren einige vierzig Dollar) abgewonnen. Nachdem das Spiel zu Ende war, zog Herr Oakhurst den jugendlichen Glücksritter hinter die Tür und sprach zu ihm:

„Tommy, du bist ein netter kleiner Kerl, aber dein Spiel ist keinen Cent wert. Versuch's kein zweites Mal." Dann hatte er ihm sein Geld zurückgegeben und ihn sanft aus dem Zimmer geschoben, und hatte damit Tom Simson zu seinem ergebenen Sklaven gemacht.

Ein Nachklang hiervon war in der knabenhaften und begeisterten Art, wie er Oakhurst begrüßte. Er sei aufgebrochen, sagte er, um nach Poker Flat zu gehen und dort sein Glück zu versuchen. „Allein?" Nein, eigentlich nicht allein; tatsächlich (dabei lachte er verlegen) sei er mit Piney Woods durchgebrannt. Erinnerte sich Herr Oakhurst nicht an Piney? Sie hatte im Gasthaus der Temperenzler bedient. Sie waren seit langem verlobt gewesen, aber der alte Woods hatte Einwendungen gemacht, und deshalb waren sie durchgebrannt und wollten nach Poker Flat, um dort zu heiraten; und hier waren sie nun. Und sie waren todmüde – welch ein Glück, daß sie einen Platz zum Campen und Gesellschaft gefunden hatten! Dies alles sprudelte der Harmlose rasch heraus, während Piney, ein dralles hübsches Mädchen von fünfzehn Jahren, hinter einer Tanne auftauchte, wo sie ungesehen hatte erröten dürfen, und an die Seite ihres Liebsten geritten kam.

Herr Oakhurst plagte sich selten mit Gefühlen, geschweige denn mit Fragen der Schicklichkeit; dennoch hatte er jetzt das unklare Empfinden, daß die Situation nicht eben glücklich sei. Er behielt aber genügend Geistesgegenwart, um Onkel Billy, der gerade etwas sagen wollte, warnend mit dem Fuß anzu-

Uncle Billy was sober enough to recognize in Mr. Oakhurst's kick a superior power that would not bear trifling. He then endeavored to dissuade Tom Simson from delaying further, but in vain. He even pointed out the fact that there was no provision, nor means of making a camp. But, unluckily, the Innocent met this objection by assuring the party that he was provided with an extra mule loaded with provisions, and by the discovery of a rude attempt at a log house near the trail. "Piney can stay with Mrs. Oakhurst," said the Innocent, pointing to the Duchess, "and I can shift for myself."

Nothing but Mr. Oakhurst's admonishing foot saved Uncle Billy from bursting into a roar of laughter. As it was, he felt compelled to retire up the cañon until he could recover his gravity. There he confided the joke to the tall pine-trees, with many slaps of his leg, contortions of his face, and the usual profanity. But when he returned to the party, he found them seated by a fire – for the air had grown strangely chill and the sky overcast – in apparently amicable conversation. Piney was actually talking in an impulsive girlish fashion to the Duchess, who was listening with an interest and animation she had not shown for many days. The Innocent was holding forth, apparently with equal effect, to Mr. Oakhurst and Mother Shipton, who was actually relaxing into amiability. "Is this yer a d – d picnic?" said Uncle Billy, with inward scorn, as he surveyed the sylvan group, the glancing firelight, and the tethered animals in the foreground. Suddenly an idea mingled with the alcoholic fumes that disturbed his brain. It was apparently of a jocular nature, for he felt impelled to slap his leg again and cram his fist into his mouth.

As the shadows crept slowly up the mountain, a

stoßen. Billy war so weit nüchtern, daß er in Herrn Oakhursts Geste eine überlegene Macht erkannte, mit der nicht zu spaßen war. Oakhurst bemühte sich dann, dem Harmlosen von einem weiteren Aufschub abzuraten – jedoch vergeblich. Er betonte sogar die Tatsache, daß weder Proviant noch irgendwelche Mittel da seien, um ein Camp aufzuschlagen. Unglücklicherweise konnte der junge Mensch diese Einwände widerlegen durch die Versicherung, er führe ein mit Proviant beladenes Extra-Maultier mit, und habe zudem die Reste einer halbfertigen Blockhütte nahe am Bergpfad entdeckt. „Piney kann bei Frau Oakhurst bleiben", sagte er, auf die Herzogin deutend, „und ich kann mir schon helfen."

Nur Herrn Oakhursts warnender Fuß bewahrte Onkel Billy davor, in brüllendes Gelächter auszubrechen. Aber unter diesen Umständen fühlte er sich genötigt, sich in die Schlucht zurückzuziehen, bis er seine Fassung wiedergefunden hatte. Unter Grimassen und seinen gewöhnlichen Flüchen vertraute er, sich heftig auf die Schenkel klopfend, den Witz den hohen Tannen an. Als er zu den andern zurückkehrte, fand er sie um ein Feuer sitzend – denn die Luft war merkwürdig kalt geworden und der Himmel hatte sich bezogen – anscheinend in freundschaftlicher Unterhaltung. Piney redete nach Jungmädchenart lebhaft auf die Herzogin ein, die mit mehr Interesse und Munterkeit zuhörte, als sie seit vielen Tagen gezeigt hatte.

Der Harmlose sprach, offenbar mit gleichem Erfolg, zu Herrn Oakhurst und Mutter Shipton, die tatsächlich geradezu liebenswürdig wurde. „Das ist wohl so'n verdammtes Picknick?" sagte Onkel Billy mit innerlicher Verachtung, als er die Gruppe unter den Bäumen, das helle Feuer und im Vordergrund die gekoppelten Tiere musterte. Plötzlich tauchte ein Plan in den Alkoholdünsten auf, die sein Hirn trübten. Dieser war offenbar witziger Natur, denn er veranlaßte ihn, sich wieder auf die Schenkel zu schlagen und die Faust in den Mund zu stopfen.

Als die Schatten langsam den Berg hinankrochen, bewegte ein

slight breeze rocked the tops of the pine-trees and moaned through their long and gloomy aisles. The ruined cabin, patched and covered with pine boughs, was set apart for the ladies. As the lovers parted, they unaffectedly exchanged a kiss, so honest and sincere that it might have been heard above the swaying pines. The frail Duchess and the malevolent Mother Shipton were probably too stunned to remark upon this last evidence of simplicity, and so turned without a word to the hut. The fire was replenished, the men lay down before the door, and in a few minutes were asleep.

Mr. Oakhurst was a light sleeper. Toward morning he awoke benumbed and cold. As he stirred the dying fire, the wind, which was now blowing strongly, brought to his cheek that which caused the blood to leave it, – snow!

He started to his feet with the intention of awakening the sleepers, for there was no time to lose. But turning to where Uncle Billy had been lying, he found him gone. A suspicion leaped to his brain, and a curse to his lips. He ran to the spot where the mules had been tethered – they were no longer there. The tracks were already rapidly disappearing in the snow.

The momentary excitement brought Mr. Oakhurst back to the fire with his usual calm. He did not waken the sleepers. The Innocent slumbered peacefully, with a smile on his good-humored, freckled face; the virgin Piney slept beside her frailer sisters as sweetly as though attended by celestial guardians; and Mr. Oakhurst, drawing his blanket over his shoulders, stroked his mustaches and waited for the dawn. It came slowly in a whirling mist of snowflakes that dazzled and confused the eye. What could be seen of the landscape appeared magically changed. He looked

leichter Wind die Gipfel der Tannen und fuhr klagend durch ihre düsteren Hallen. Die verfallene Blockhütte, mit Tannenzweigen geflickt und gedeckt, wurde den Frauen überlassen. Als sich die Liebenden trennten, tauschten sie unbefangen einen Kuß, so ehrbar und rein, daß man ihn über den bewegten Tannen hätte hören können.

Die leichtfertige Herzogin und die mißgünstige Mutter Shipton waren vermutlich zu verblüfft, um etwas über diesen Beweis äußerster Harmlosigkeit zu sagen, und wandten sich wortlos der Hütte zu. Das Feuer wurde wieder angefacht, die Männer legten sich vor die Tür und schliefen in ein paar Minuten.

Herr Oakhurst war ein leichter Schläfer. Gegen Morgen erwachte er, benommen und kalt. Als er das sterbende Feuer von neuem anfachte, fegte der Wind, der jetzt sehr heftig blies, etwas an seine Wange, das alles Blut aus ihr entweichen ließ ... Schnee!

Er sprang auf, um die Schlafenden rasch zu wecken; denn jetzt war keine Zeit zu verlieren. Als er sich aber zu der Stelle wandte, wo Onkel Billy gelegen hatte, sah er, daß dieser fort war. Ein Verdacht sprang ihm ins Hirn und ein Fluch auf die Lippen. Er rannte zu dem Platz, wo die Maultiere angebunden gewesen waren ... sie waren nicht mehr dort! Die Hufspuren verschwanden bereits zusehends im Schnee.

Die Erregung des Augenblicks ließ Herrn Oakhurst in seiner gewohnten Gelassenheit zum Feuer zurückkehren. Er weckte die Schläfer nicht. Der Harmlose schlummerte friedlich mit einem Lächeln auf dem gutmütigen, sommersprossigen Gesicht; die jungfräuliche Piney schlief neben ihren sündigen Schwestern so süß wie in der Hut von Schutzengeln; also zog Herr Oakhurst seine Decke um die Schultern, strich seinen Bart und wartete auf den Morgen. Dieser kam langsam mit einem wirbelnden Flockenstaub, der das Auge blendete und unsicher machte. Was noch von der Landschaft sichtbar war, schien wie durch Zauber verändert. Er blickte über das Tal hin und faßte Gegen-

over the valley, and summed up the present and future in two words, "Snowed in!"

A careful inventory of the provisions, which, fortunately for the party, had been stored within the hut, and so escaped the felonious fingers of Uncle Billy, disclosed the fact that with care and prudence they might last ten days longer. "That is," said Mr. Oakhurst *sotto voce* to the Innocent, "if you're willing to board us. If you ain't – and perhaps you'd better not – you can wait till Uncle Bill gets back with provisions." For some occult reason, Mr. Oakhurst could not bring himself to disclose Uncle Billy's rascality, and so offered the hypothesis that he had wandered from the camp and had accidentally stampeded the animals. He dropped a warning to the Duchess and Mother Shipton, who of course knew the facts of their associate's defection. "They'll find out the truth about us *all* when they find out anything," he added significantly, "and there's no good frightening them now."

Tom Simson not only put his worldly store at the disposal of Mr. Oakhurst, but seemed to enjoy the prospect of their enforced seclusion. "We'll have a good camp for a week, and then the snow'll melt, and we'll all go back together." The cheerful gaiety of the young man and Mr. Oakhurst's calm infected the others. The Innocent, with the aid of pine boughs, extemporized a thatch for the roofless cabin, and the Duchess directed Piney in the rearrangement of the interior with a taste and tact that opened the blue eyes of that provincial maiden to their fullest extent. "I reckon now you're used to fine things at Poker Flat," said Piney. The Duchess turned away sharply to conceal something that reddened her cheeks through their professional tint, and Mother Shipton requested

wart und Zukunft in dem einen Wort zusammen: „Eingeschneit!"

Eine sorgsame Bestandsaufnahme des Proviants, der zum Glück für die Gesellschaft in der Hütte gelagert und so Billys diebischen Fingern entgangen war, offenbarte die Tatsache, daß er bei Sorgfalt und Vorsicht zehn Tage vorhalten würde. „Das heißt", sagte Herr Oakhurst mit halber Stimme zu dem Harmlosen, „wenn ihr uns verpflegen wollt. Lehnt ihr das ab – und vielleicht tätet ihr besser daran – könnt ihr warten, bis Onkel Billy mit Verpflegung zurückkommt." Aus irgendeinem unklaren Grunde konnte es Herr Oakhurst nicht über sich bringen, Onkel Billys Schändlichkeit aufzudecken, und äußerte die Vermutung, Billy habe sich vom Camp entfernt und dabei versehentlich die Tiere in die Flucht gejagt. Er warf Mutter Shipton und der Herzogin einen warnenden Blick zu, die natürlich die Wahrheit über den Treubruch ihres Gefährten wußten. „Wenn sie überhaupt etwas entdecken", fügte er bedeutungsvoll hinzu, „werden sie die Wahrheit über uns alle herausfinden – und es hat keinen Sinn, ihnen jetzt einen Schrecken einzujagen."

Tom Simson stellte Herrn Oakhurst nicht nur all seine irdische Habe zur Verfügung, sondern schien sich über die Aussicht auf ihre unfreiwillige Abgeschiedenheit zu freuen. „Wir werden eine Woche lang ein gemütliches Camp haben – und dann schmilzt der Schnee und wir kehren alle zusammen zurück." Die zuversichtliche Heiterkeit des jungen Mannes und Herrn Oakhursts Ruhe übertrugen sich auf die andern. Mit Hilfe von Tannenzweigen schuf Tom Simson ohne lange Vorbereitung ein notdürftiges Dach für die ungedeckte Hütte, und die Herzogin leitete Piney mit soviel Takt und Geschmack an, das Innere wieder wohnlich zu machen, daß das einfache Landmädchen die großen blauen Augen noch weiter aufriß: „Jetzt glaube ich, daß Sie in Poker Flat nur an feine Dinge gewöhnt sind", sagte sie, und die Herzogin wandte sich rasch ab, um eine Regung zu verbergen, die ihre Wangen unter der gewerbsmäßigen Schminke erröten ließ, während Mutter Shipton Piney ermahnte,

Piney not to "chatter." But when Mr. Oakhurst returned from a weary search for the trail, he heard the sound of happy laughter echoed from the rocks. He stopped in some alarm, and his thoughts first naturally reverted to the whiskey, which he had prudently cachéd. "And yet it don't somehow sound like whiskey," said the gambler. It was not until he caught sight of the blazing fire through the still blinding storm, and the group around it, that he settled to the conviction that it was "square fun."

Whether Mr. Oakhurst had cachéd his cards with the whiskey as something debarred the free access of the community, I cannot say. It was certain that, in Mother Shipton's words, he "didn't say 'cards' once" during that evening. Haply the time was beguiled by an accordion, produced somewhat ostentatiously by Tom Simson from his pack. Notwithstanding some difficulties attending the manipulation of this instrument, Piney Woods managed to pluck several reluctant melodies from its keys, to an accompaniment by the Innocent on a pair of bone castanets. But the crowning festivity of the evening was reached in a rude camp-meeting hymn, which the lovers, joining hands, sang with great earnestness and vociferation. I fear that a certain defiant tone and Covenanter's swing to its chorus, rather than any devotional quality, caused it speedily to infect the others, who at last joined in the refrain: —

"*I'm proud to live in the service of the Lord,
And I'm bound to die in His army.*"

The pines rocked, the storm eddied and whirled above the miserable group, and the flames of their altar leaped heavenward, as if in token of the vow.

At midnight the storm abated, the rolling clouds parted, and the stars glittered keenly above the

‚keinen Unsinn zu schwatzen'. Als Herr Oakhurst aber von einer mühsamen Suche nach dem Bergpfad zurückkam, hörte er den Klang fröhlichen Gelächters vom Felsen widerhallen. Etwas beunruhigt blieb er stehen, und seine Gedanken flogen natürlich zuerst zu dem Alkohol, den er vorsichtshalber versteckt hatte. „Aber nein, irgendwie klingt es nicht betrunken", sagte der Spieler. Doch erst als er durch den Schneesturm, der ihn fast blind machte, das flackernde Feuer und die darum gescharte Gruppe erkannte, gewann er die Überzeugung, daß es eine ‚echte Heiterkeit' war.

Ob Herr Oakhurst mit dem Alkohol (als etwas der Allgemeinheit nicht frei Zugänglichem) auch seine Karten versteckt hatte, kann ich nicht sagen. Tatsache war, daß er – nach Mutter Shiptons Worten – während jenes Abends ‚nicht einmal das Wort Karten sagte'. Zum Glück konnten sie sich die Zeit mit einer Ziehharmonika verkürzen, die Tom Simson ein wenig prahlerisch aus seinem Packen holte. Obwohl die Handhabung des Instruments einige Schwierigkeiten bot, gelang es Piney, von Tom mit einem Paar beinerner Kastagnetten begleitet, ein paar widerstrebende Melodien aus den Tasten zu locken. Seinen Höhepunkt aber erreichte das Fest dieses Abends in einem kunstlosen Feldchoral, den die Liebenden Hand in Hand mit großem Ernst und Stimmaufwand sangen. Ich fürchte aber, daß eher ein gewisser trotziger Ton und kämpferischer Schwung in seinem Kehrreim als eine wirklich fromme Note darin die anderen rasch so mitriß, daß sie schließlich in den Refrain einstimmten:

*„Stolz bin ich, zu leben im Dienste des Herrn,
Und im Kampfe für ihn werde ich sterben."*

Die Tannen schwankten im tosenden Sturm, der über das armselige Menschenhäuflein hinbrauste, und die Flammen auf ihrem Altar sprangen gen Himmel, als seien sie ein Zeichen dieses Gelübdes.

Um Mitternacht legte sich der Sturm, die rollenden Wolken teilten sich, die Sterne glitzerten kalt über dem schlafenden

sleeping camp. Mr. Oakhurst, whose professional habits had enabled him to live on the smallest possible amount of sleep, in dividing the watch with Tom Simson somehow managed to take upon himself the greater part of that duty. He excused himself to the Innocent by saying that he had "often been a week without sleep." "Doing what?" asked Tom. "Poker!" replied Oakhurst sententiously. "When a man gets a streak of luck, – niggerluck, – he don't get tired. The luck gives in first. Luck," continued the gambler reflectively, "is a mighty queer thing. All you know about it for certain is that it's bound to change. And it's finding out when it's going to change that makes you. We've had a streak of bad luck since we left Poker Flat, – you come along, and slap you get into it, too. If you can hold your cards right along you're all right. For," added the gambler, with cheerful irrelevance –

"'I'm proud to live in the service of the Lord,
And I'm bound to die in His army'."

The third day came, and the sun, looking through the white-curtained valley, saw the outcasts divide their slowly decreasing store of provisions for the morning meal. It was one of the peculiarities of that mountain climate that its rays diffused a kindly warmth over the wintry landscape, as if in regretful commiseration of the past. But it revealed drift on drift of snow piled high around the hut, – a hopeless, uncharted, trackless sea of white lying below the rocky shores to which the castaways still clung. Through the marvellously clear air the smoke of the pastoral village of Poker Flat rose miles away. Mother Shipton saw it, and from a remote pinnacle of her rocky fastness hurled in that direction a final malediction. It was her last vituperative attempt, and

Camp. Herr Oakhurst, dessen Berufsgepflogenheiten ihn gelehrt hatten, mit so wenig Schlaf wie möglich zu leben, teilte die Wache mit Tom Simson und wußte es irgendwie so einzurichten, daß er selbst den größeren Teil dieser Pflicht übernahm. Er gebrauchte dem jungen Menschen gegenüber den Vorwand, ‚er habe oft eine ganze Woche lang nicht geschlafen'. „Und was haben Sie getan?" fragte Tom. „Poker", erwiderte Herr Oakhurst kurz und bündig. „Wenn man eine Glückssträhne erwischt – Niggerglück – wird man eben nicht müde. Das Glück ermüdet schneller. Das Glück", fuhr der Spieler nachdenklich fort, „das Glück ist eben etwas ganz Sonderbares. Das einzige, was man sicher darüber weiß, ist, daß es umschlagen muß. Und die Kunst, zu wissen, wann es umschlagen wird – das ist der Erfolg. Seit wir Poker Flat verlassen haben, stecken wir in einer Pechsträhne – ihr beide kommt des Weges, und schon geratet ihr mit hinein. Wenn ihr eure Karten lange genug halten könnt, geht alles in Ordnung. Denn", fügte er mit heiterem Gleichmut hinzu, „ihr seid ja

‚Stolz, zu leben im Dienste des Herrn,
Und im Kampfe für ihn werde ich sterben . . .'"

Der dritte Tag kam, und als die Sonne durch das weißverhangene Tal schaute, sah sie, wie die Geächteten ihre langsam abnehmenden Vorräte für das Morgenmahl teilten. Es war eine der Eigentümlichkeiten dieses Gebirgsklimas, daß ihre Strahlen wie in reuigem Erbarmen mit der Vergangenheit eine freundliche Wärme über die winterliche Landschaft breiteten. Aber sie enthüllten auch Schneewehe um Schneewehe, die sich rings um die Hütte getürmt hatten – ein hoffnungsloses, auf keiner Karte verzeichnetes unwegsames Meer von Weiß unter den felsigen Ufern, an die sich die Geächteten noch klammerten. Durch die wunderbar klare Luft stieg meilenweit entfernt der Rauch des idyllischen Dörfleins Poker Flat auf. Mutter Shipton sah ihn von dem entlegenen Gipfel ihrer felsigen Festung und schleuderte noch einmal einen Fluch hinüber. Das war ihr letzter Versuch zu schmähen, und deshalb vielleicht nicht ohne eine

perhaps for that reason was invested with a certain degree of sublimity. It did her good, she privately informed the Duchess. "Just you go out there and cuss, and see." She then set herself to the task of amusing "the child," as she and the Duchess were pleased to call Piney. Piney was no chicken, but it was a soothing and original theory of the pair thus to account for the fact that she didn't swear and wasn't improper.

When night crept up again through the gorges, the reedy notes of the accordion rose and fell in fitful spasms and long-drawn gasps by the flickering campfire. But music failed to fill entirely the aching void left by insufficient food, and a new diversion was proposed by Piney, — story-telling. Neither Mr. Oakhurst nor his female companions caring to relate their personal experiences, this plan would have failed too, but for the Innocent. Some months before he had chanced upon a stray copy of Mr. Pope's ingenious translation of the *Iliad*. He now proposed to narrate the principal incidents of that poem — having thoroughly mastered the argument and fairly forgotten the words — in the current vernacular of Sandy Bar. And so for the rest of that night the Homeric demigods again walked the earth. Trojan bully and wily Greek wrestled in the winds, and the great pines in the cañon seemed to bow to the wrath of the son of Peleus. Mr. Oakhurst listened with quiet satisfaction.

So, with small food and much of Homer and the accordion, a week passed over the heads of the outcasts. The sun again forsook them, and again from leaden skies the snowflakes were sifted over the land. Day by day closer around them drew the snowy circle, until at last they looked from their prison over drifted walls of dazzling white, that towered twenty

gewisse Erhabenheit. Es hatte ihr gut getan, teilte sie der Herzogin im Vertrauen mit. „Geh nur dort hinauf und fluche", sagte sie, „dann merkst du es." Dann ging sie wieder an die Aufgabe, ‚das Kind' — so nannten die beiden Frauen Piney gern — zu unterhalten. Tatsächlich war Piney kein Küken; doch es war eine beruhigende und bezeichnende Theorie von ihnen, sich hierdurch die Tatsache zu erklären, daß Piney weder fluchte noch sich sonst unschicklich benahm.

Als die Nacht durch die Schlucht heraufkroch, stiegen und fielen beim flackernden Lagerfeuer die dünnen Klänge der Handharmonika in ungleichem Takt und mit langgezogenem Seufzen. Doch die Musik konnte die schmerzende Leere, welche die ungenügende Nahrung hinterließ, nicht ausfüllen, und so schlug Piney eine neue Unterhaltung vor: Geschichten-Erzählen. Weder Herr Oakhurst noch seine Gefährtinnen legten jedoch Wert darauf, ihre eigenen Erlebnisse zu berichten, und der Plan wäre fehlgeschlagen ohne Tom Simson. Vor einigen Monaten war er zufällig auf ein verirrtes Exemplar der geschickten Ilias-Übersetzung von Pope gestoßen; nun erbot er sich, die wichtigsten Ereignisse aus der Dichtung (er beherrschte den eigentlichen Inhalt gründlich, obwohl er den Wortlaut vergessen hatte) in der gängigen Ausdrucksweise von Sandy Bar zu erzählen. Und so wandelten für die übrigen Stunden jener Nacht die Halbgötter Homers wieder auf Erden. Trojanische Rauflust und griechische List rangen im Sturm miteinander, und die großen Tannen in der Schlucht schienen sich vor dem Zorn des Peleus-Sohnes zu beugen. Herr Oakhurst lauschte mit stiller Zufriedenheit.

Mit wenig Essen und viel Homer und Harmonika zog eine Woche über die Häupter der Geächteten hin. Die Sonne ließ sie wieder im Stich, und von neuem fielen aus einem heiteren Himmel die Schneeflocken auf das Land.

Tag für Tag zog sich der Schneering enger um sie, bis sie endlich aus ihrem Gefängnis auf Wälle von blendendweißen Schneewehen blickten, die sich zwanzig

feet above their heads. It became more and more difficult to replenish their fires, even from the fallen trees beside them, now half hidden in the drifts. And yet no one complained. The lovers turned from the dreary prospect and looked into each other's eyes, and were happy. Mr. Oakhurst settled himself coolly to the losing game before him. The Duchess, more cheerful than she had been, assumed the care of Piney. Only Mother Shipton — once the strongest of the party — seemed to sicken and fade. At midnight on the tenth day she called Oakhurst to her side. "I'm going," she said, in a voice of querulous weakness, "but don't say anything about it. Don't waken the kids. Take the bundle from under my head, and open it." Mr. Oakhurst did so. It contained Mother Shipton's rations for the last week, untouched. "Give 'em to the child," she said, pointing to the sleeping Piney. "You've starved yourself," said the gambler. "That's what they call it," said the woman querulously, as she lay down again, and, turning her face to the wall, passed quietly away.

The accordion and the bones were put aside that day, and Homer was forgotten. When the body of Mother Shipton had been committed to the snow, Mr. Oakhurst took the Innocent aside, and showed him a pair of snowshoes, which he had fashioned from the old pack-saddle. "There's one chance in a hundred to save her yet," he said, pointing to Piney; "but it's there," he added, pointing toward Poker Flat. "If you can reach there in two days she's safe." "And you?" asked Tom Simson. "I'll stay here," was the curt reply.

The lovers parted with a long embrace. "You are not going, too?" said the Duchess, as she saw Mr. Oakhurst apparently waiting to accompany him. "As far as the cañon," he replied. He turned suddenly and

Fuß hoch über ihren Köpfen türmten. Es wurde immer schwieriger, genügend Holz ins Feuer zu legen, denn sogar die gefallenen Bäume neben ihnen waren jetzt halb in den Schneewehen verborgen. Dennoch beklagte sich niemand. Die Liebenden wandten sich ab von dem traurigen Bild, schauten einander in die Augen und waren glücklich. Herr Oakhurst fand sich gelassen und kühl mit dem Spiel ab, das er nur noch verlieren konnte. Die Herzogin, heiterer als früher, nahm sich der Pflege Pineys an. Nur Mutter Shipton – einst die Widerstandsfähigste der kleinen Gesellschaft – schien zu kränkeln und dahinzuschwinden. Um Mitternacht des zehnten Tages rief sie Oakhurst an ihr Lager. „Ich sterbe", sagte sie – ihre Stimme klang mürrisch und matt – „aber sag nichts davon.

Und wecke die Kinder nicht. Nimm das Bündel unter meinem Kopf hervor und mach's auf." Herr Oakhurst tat es. Es enthielt Mutter Shiptons unberührte Rationen der letzten Woche. „Gib sie der Kleinen", sagte sie und wies auf die schlafende Piney. „Du bist freiwillig verhungert", sagte der Spieler. „Ja, so nennt man's wohl", sagte die Frau verdrießlich, als sie sich wieder hinlegte, kehrte ihr Gesicht zur Wand und ging still hinüber.

An diesem Tag schwiegen Harmonika und Kastagnetten, und Homer war vergessen. Als sie Mutter Shiptons Leiche dem Schnee übergeben hatten, nahm Herr Oakhurst den jungen Simson beiseite und zeigte ihm ein Paar Schneeschuhe, die er aus dem alten Packsattel gefertigt hatte. „Es gibt noch eine Möglichkeit – eins zu hundert – sie zu retten", sagte er mit einem Blick auf Piney, „aber sie liegt dort drüben", fügte er hinzu, nach Poker Flat deutend. „Wenn du es in zwei Tagen schaffst, ist sie gerettet." „Und du?" fragte Tom Simson. „Ich bleibe hier", war die kurze Antwort.

Die Liebenden schieden mit einer langen Umarmung. „Gehst du etwa auch?" fragte die Herzogin, als sie sah, daß Oakhurst anscheinend wartete, um mitzugehen. „Nur bis zur Schlucht", erwiderte er. Plötzlich kehrte er um und küßte die Herzogin. Sie

kissed the Duchess, leaving her pallid face aflame, and her trembling limbs rigid with amazement.

Night came, but not Mr. Oakhurst. It brought the storm again and the whirling snow. Then the Duchess, feeding the fire, found that some one had quietly piled beside the hut enough fuel to last a few days longer. The tears rose to her eyes, but she hid them from Piney.

The women slept but little. In the morning, looking into each other's faces, they read their fate. Neither spoke, but Piney, accepting the position of the stronger, drew near and placed her arms around the Duchess's waist. They kept this attitude for the rest of the day. That night the storm reached its greatest fury, and, rending asunder the protecting vines, invaded the very hut.

Toward morning they found themselves unable to feed the fire, which gradually died away. As the embers slowly blackened, the Duchess crept closer to Piney, and broke the silence of many hours: "Piney, can you pray?" "No, dear," said Piney simply. The Duchess, without knowing exactly why, felt relieved, and, putting her head upon Piney's shoulder, spoke no more. And so reclining, the younger and purer pillowing the head of her soiled sister upon her virgin breast, they fell asleep.

The wind lulled as if it feared to waken them. Feathery drifts of snow, shaken from the long pine boughs, flew like white-winged birds, and settled about them as they slept. The moon through the rifted clouds looked down upon what had been the camp. But all human stain, all trace of earthly travail, was hidden beneath the spotless mantle mercifully flung from above.

They slept all that day and the next, nor did they waken when voices and footsteps broke the silence of

blieb zurück, das bleiche Gesicht in Flammen, die zitternden Glieder steif vor Staunen.

Die Nacht kam, Herr Oakhurst aber nicht. Sie brachte wieder Sturm und wirbelnden Schnee. Dann fand die Herzogin, als sie das Feuer schüren wollte, daß jemand unauffällig neben der Hütte Brennholz aufgeschichtet hatte, genug für mehrere Tage. Die Tränen stiegen ihr in die Augen, aber sie verbarg sie vor Piney.

Die Frauen schliefen nur wenig. Als sie am Morgen einander ins Gesicht sahen, lasen sie ihr Schicksal. Keine sprach.

Aber Piney, das Amt der Stärkeren übernehmend, kam näher und schlang den Arm um die Herzogin. In dieser Haltung lagen sie den ganzen Tag. In der Nacht erreichte der Schneesturm seine größte Wut, riß das schützende Geflecht auseinander und drang in ihre Hütte ein.

Gegen Morgen waren sie außerstande, das Feuer zu schüren, das nach und nach erstarb. Als die Asche langsam schwarz wurde, schmiegte sich die Herzogin noch dichter an Piney und brach das Schweigen vieler Stunden. „Piney, kannst du beten?" „Nein, Liebe", sagte das Mädchen schlicht. Die Herzogin fühlte sich erleichtert, ohne recht zu wissen warum, legte den Kopf an Pineys Schulter und sprach nicht mehr. Und so aneinandergeschmiegt bettete die Jüngere, Reinere den Kopf ihrer sündigen Schwester an ihre unschuldige Brust und sie schliefen ein.

Der Wind wurde leiser, als fürchte er, sie zu wecken. Die langen Tannenzweige schüttelten federige Schneewehen ab, die wie weißgeflügelte Vögel hinabsanken und sich auf die Schlafenden legten. Der Mond sah durch die zerrissenen Wolken herunter auf das, was einst ein Camp gewesen war. Jedoch alle menschlichen Flecken, alle Spuren irdischer Mühsal waren verborgen unter dem makellosen Mantel, den der Himmel barmherzig auf sie herabgeworfen hatte.

Sie schliefen den ganzen Tag hindurch, und den nächsten auch, und sie erwachten nicht, als Stimmen und Schritte das

the camp. And when pitying fingers brushed the snow from their wan faces, you could scarcely have told from the equal peace that dwelt upon them which was she that had sinned. Even the law of Poker Flat recognized this, and turned away, leaving them still locked in each other's arms.

But at the head of the gulch, on one of the largest pine-trees, they found the deuce of clubs pinned to the bark with a bowie-knife. It bore the following, written in pencil in a firm hand:

> Beneath This Tree
> lies the body of
> John Oakhurst
> who struck a streak of bad luck
> on the 23d of November 1850,
> and handed in his checks
> on the 7th December, 1850

Under the snow, unfeeling and cold, his revolver beside him, the bullet in his heart, lay the outcast gambler of Poker Flat.

Schweigen des Camps brachen. Und als mitleidige Finger den Schnee von den bleichen Gesichtern entfernten, konnte man kaum sagen, welche von ihnen die Sünderin war, so still lag der gleiche Friede darauf. Selbst die Gerechten von Poker Flat erkannten dies; sie wandten sich ab und ließen die Toten umschlungen liegen.

Am Eingang der Schlucht aber fanden sie an einer der größten Tannen ein Kreuz-As mit einem Jagdmesser an die Rinde geheftet. Darauf stand in Bleistift mit fester Hand folgendes geschrieben:

Unter diesem Baum
liegt die Leiche des
John Oakhurst
der in eine Pechsträhne geriet
am 23. November 1850
und seine Spielmarken zurückgab
am 7. Dezember 1850

Unter dem Schnee lag fühllos und kalt, den Revolver neben sich, die Kugel im Herzen, der geächtete Spieler von Poker Flat.

Jack London: The Law of Life

Old Koskoosh listened greedily. Though his sight had long since faded, his hearing was still acute, and the slightest sound penetrated to the glimmering intelligence which yet abode behind the withered forehead, but which no longer gazed forth upon the things of the world. Ah! That was Sit-cum-to-ha, shrilly anathematizing the dogs as she cuffed and beat them into the harnesses. Sit-cum-to-ha was his daughter's daughter, but she was too busy to waste a thought upon her broken grandfather, sitting alone there in the snow, forlorn and helpless. Camp must be broken. The long trail waited while the short day refused to linger. Life called her, and the duties of life, not death. And he was very close to death now.

The thought made the old man panicky for the moment, and he stretched forth a palsied hand which wandered tremblingly over the small heap of dry wood beside him. Reassured that it was indeed there, his hand returned to the shelter of his mangy furs, and he again fell to listening. The sulky crackling of half-frozen hides told him that the chief's mooseskin lodge had been struck, and even then was being rammed and jammed into portable compass. The chief was his son, stalwart and strong, headman of the tribesmen, and a mighty hunter. As the women toiled with the camp luggage, his voice rose, chiding them for their slowness. Old Koskoosh strained his ears. It was the last time he would hear that voice. There went Geehow's lodge! And Tusken's! Seven,

Jack London: Das Gesetz des Lebens

Gierig lauschte der alte Koskoosh. Zwar war sein Augenlicht längst erloschen, aber sein Gehör war noch scharf, und das leiseste Geräusch drang durch zu dem dämmernden Verstand, der noch hinter der gefurchten Stirn wohnte, jedoch nicht mehr den Dingen der Welt zugewandt war. Ach! Das war Sit-cum-to-ha, die schrill mit den Hunden schalt und sie in ihr Geschirr knuffte und prügelte. Sit-cum-to-ha war die Tochter seiner Tochter, aber sie hatte zu viel zu tun, um einen Gedanken an ihren altersschwachen Großvater zu verschwenden, der allein im Schnee saß, verloren und hilflos.

Das Lager mußte abgebrochen werden. Der lange Treck harrte ihrer, und der kurze Tag wollte nicht verweilen. Das Leben rief sie, die Pflichten des Lebens, nicht der Tod. Und Koskoosh war jetzt dem Tod sehr nahe.

Einen Augenblick erfüllte der Gedanke den alten Mann mit Entsetzen, und er streckte die gichtige Hand aus, die unsicher zitternd den kleinen Haufen von trockenem Reisig neben sich betastete. Beruhigt, daß das Holz tatsächlich da war, zog er die Hand in den Schutz seines abgeschabten Pelzes zurück; dann lauschte er wieder. Das dumpfe Knistern halbgefrorener Tierhäute sagte ihm, daß der Elchhautwigwam des Häuptlings abgebrochen war und nun zu einem tragbaren Packen zusammengestopft und gepreßt wurde. Der Häuptling war sein Sohn, mutig und stark, Führer des Stammes und ein gewaltiger Jäger. Als die Frauen sich mit dem Gepäck des Lagers abplackten, erhob er die Stimme und schalt sie für ihre Langsamkeit. Der alte Koskoosh lauschte angespannt. Es war das letzte Mal, daß er diese Stimme hörte. Jetzt brachen sie Geehows Wigwam ab! Und jetzt Tuskens. Das siebente ... achte ... neunte ... nun

eight, nine; only the shaman's could be still standing. There! They were at work upon it now. He could hear the shaman grunt as he piled it on the sled. A child whimpered, and a woman soothed it with soft, crooning gutturals. Little Koo-tee, the old man thought, a fretful child, and not overstrong. It would die soon, perhaps, and they would burn a hole through the frozen tundra and pile rocks above to keep the wolves away. Well, what did it matter? A few years at best, and as many an empty belly as a full one. And in the end, Death waited, ever-hungry and hungriest of them all.

What was that? Oh, the men lashing the sleds and drawing tight the thongs. He listened, who would listen no more. The whiplashes snarled and bit among the dogs. Hear them whine! How they hated the work and the trail! They were off! Sled after sled churned slowly away into the silence. They were gone. They had passed out of his life, and he faced the last bitter hour alone. No. The snow crunched beneath a moccasin; a man stood beside him; upon his head a hand rested gently. His son was good to do this thing. He remembered other old men whose sons had not waited after the tribe. But his son had. He wandered away into the past, till the young man's voice brought him back.

"It is well with you?" he asked.

And the old man answered, "It is well."

"There be wood beside you," the younger man continued, "and the fire burns bright. The morning is gray, and the cold has broken. It will snow presently. Even now it is snowing."

"Aye, even now is it snowing."

"The tribesmen hurry. Their bales are heavy and their bellies flat with lack of feasting. The trail is long and they travel fast. I go now. It is well?"

konnte nur noch das Zelt des Medizinmannes stehen. Da! Nun fingen sie auch damit an ... Er hörte den Medizinmann brummen, als er es auf den Schlitten verlud. Ein Kind wimmerte und eine Frau beruhigte es mit weichen, singenden Kehllauten. Das ist der kleine Koo-tee, dachte der alte Mann – ein unruhiges Kind, und nicht zu kräftig. Vielleicht würde es bald sterben, und dann brannten sie ein Loch in die gefrorene Tundra und häuften Steine darüber, um die Wölfe davon abzuhalten. Nun, was machte das schon aus? Bestenfalls ein paar Jahre, manchmal hungrig, manchmal satt. Und am Ende wartete der Tod, immer hungrig und der Hungrigste von allen.

Was war das? Ach so, die Männer spannten die Schlitten ein und zogen die Riemen fest. Er, der dem allen nie mehr zuhören würde, lauschte wieder. Die Peitschen pfiffen und bissen zwischen die Hunde. Nein, wie sie winselten! Wie sie die Arbeit und den Treck haßten! Jetzt rannten sie los. Schlitten um Schlitten knirschte langsam hinweg ins Schweigen. Sie waren fort. Sie waren aus seinem Leben geschieden, und er stand allein vor der letzten bitteren Stunde. Nein – der Schnee knirschte unter einem Mokassin; ein Mann stand neben ihm; eine Hand legte sich sanft auf seinen Kopf. Sein Sohn war gut, daß er noch dies eine tat. Koskoosh gedachte anderer alter Männer, deren Söhne nicht hinter dem Stamm zurückgeblieben waren. Sein Sohn hatte es getan. Der Alte wanderte fort in die Vergangenheit, bis ihn die Stimme des jungen Mannes zurückholte.

„Ist alles gut so?" fragte er.

„Es ist gut!" antwortete der alte Mann.

„Das Holz liegt neben dir", fuhr der Jüngere fort, „und das Feuer brennt hell. Der Morgen ist grau, und die Kälte ist gebrochen. Es wird gleich schneien. Es fängt sogar schon an."

„Ja, ja ... es fängt sogar schon an."

„Unsere Leute haben es eilig. Ihre Ballen sind schwer und ihre Bäuche flach – es hat zu lange kein reichliches Essen gegeben. Der Weg ist lang und sie reisen schnell. Ich gehe jetzt. Ist es gut so?"

"It is well. I am as a last year's leaf, clinging lightly to the stem. The first breath that blows, and I fall. My voice is become like an old woman's. My eyes no longer show me the way of my feet, and my feet are heavy, and I am tired. It is well."

He bowed his head in content till the last noise of the complaining snow had died away, and he knew his son was beyond recall. Then his hand crept out in haste to the wood. It alone stood between him and the eternity that yawned upon him. At last the measure of his life was a handful of faggots. One by one they would go to feed fire, and just so, step by step, death would creep upon him. When the last stick had surrendered up its heat, the frost would begin to gather strength. First his feet would yield, then his hands; and the numbness would travel, slowly, from the extremities to the body. His head would fall forward upon his knees, and he would rest. It was easy. All men must die.

He did not complain. It was the way of life, and it was just. He had been born close to the earth, close to the earth had he lived, and the law thereof was not new to him. It was the law of all flesh. Nature was not kindly to the flesh. She had no concern for that concrete thing called the individual. Her interest lay in the species, the race. This was the deepest abstraction old Koskoosh's barbaric mind was capable of, but he grasped it firmly. He saw it exemplified in all life. The rise of the sap, the bursting greenness of the willow bud, the fall of the yellow leaf – in this alone was told the whole history. But one task did Nature set the individual. Did he not perform it, he died. Did he perform it, it was all the same, he died. Nature did not care; there were plenty who were obedient, and it was only the obedience in

„Es ist gut so. Ich bin wie des Jahres letztes Blatt, das lose am Stamm hängt. Beim ersten Windhauch falle ich ab. Meine Stimme ist wie die einer alten Frau geworden. Meine Augen zeigen mir nicht mehr den Weg, den meine Füße gehen, und meine Füße sind schwer, und ich bin müde. Es ist gut."

Ergeben beugte er den Kopf, bis das letzte Geräusch des klagenden Schnees erstorben war und er wußte, daß seine Stimme den Sohn nicht mehr zurückrufen konnte. Dann kroch seine Hand hastig zu dem Holzhaufen. Nur das Holz stand zwischen ihm und der Ewigkeit, die sich gähnend vor ihm auftat. Jetzt, am Ende, war seines Lebens Maß eine Handvoll Reisig. Ein Stecken nach dem andern würde dahingehen, um das Feuer zu nähren, und genau so würde Schritt für Schritt der Tod an ihn heranschleichen. Wenn das letzte Stück Holz seine Hitze abgegeben hatte, würde der Frost allmählich stärker werden. Zuerst würde er seine Füße abtöten, dann seine Hände; dann würde die Erstarrung von den Gliedern langsam auf den Körper übergreifen. Der Kopf würde ihm nach vorn auf die Knie fallen und er würde ruhen. Es war ganz leicht. Alle Menschen müssen sterben.

Er klagte nicht. So war das Leben, und es war gerecht. Er war der Erde nahe geboren, hatte der Erde nahe gelebt und ihr Gesetz war ihm nichts Neues. Es war das Gesetz allen Fleisches. Die Natur war dem Fleisch nicht freundlich gesinnt. Sie kümmerte sich nicht um dies greifbare Ding, „Einzelwesen" genannt. Ihre Sorge galt der Art, der Rasse. Dies war die äußerste Abstraktion, die der alte Koskoosh mit seinem naturhaften Hirn denken konnte, aber dies begriff er vollkommen. Er sah Beispiele dafür in allem, was lebendig war. Das Steigen des Saftes, das berstende Grün der Weidenknospe, das Fallen des gelben Blattes – damit allein war die ganze Geschichte erzählt. Nur *eine* Aufgabe hatte die Natur dem einzelnen gestellt: erfüllte er sie nicht, so starb er; erfüllte er sie, so starb er auch, es war ganz gleich. Die Natur fragte nicht danach; es gab so viele, die ihr gehorsam waren, und es war nur der Gehorsam selbst, der lebte

this matter, not the obedient, which lived and lived always. The tribe of Koskoosh was very old. The old men he had known when a boy, had known old men before them. Therefore it was true that the tribe lived, that it stood for the obedience of all its members, way down into the forgotten past, whose very resting places were unremembered. They did not count; they were episodes. They had passed away like clouds from a summer sky. He also was an episode and would pass away. Nature did not care. To life she set one task, gave one law. To perpetuate was the task of life, its law was death. A maiden was a good creature to look upon, full-breasted and strong, with spring to her step and light in her eyes. But her task was yet before her. The light in her eyes brightened, her step quickened, she was now bold with the young men, now timid, and she gave them of her own unrest. And ever she grew fairer and yet fairer to look upon, till some hunter, able no longer to withhold himself, took her to his lodge to cook and toil for him and to become the mother of his children. And with the coming of her offspring her looks left her. Her limbs dragged and shuffled, her eyes dimmed and bleared, and only the little children found joy against the withered cheek of the old squaw by the fire. Her task was done. But a little while, on the first pinch of famine or the first long trail, and she would be left, even as he had been left, in the snow, with a little pile of wood. Such was the law.

He placed a stick carefully upon the fire and resumed his meditations. It was the same everywhere, with all things. The mosquitoes vanished with the first frost. The little tree squirrel crawled away to die. When age settled upon the rabbit it became

und immer leben würde, nicht aber die Gehorchenden. Der Stamm des alten Koskoosh war sehr alt, die alten Männer, die er gekannt hatte, als er ein Knabe war, hatten wieder alte Männer vor ihnen gekannt. Daher war es wahr, daß der *Stamm* lebte, daß er den Gehorsam aller seiner Glieder verkörperte, bis zurück in die vergessene Vergangenheit, an deren Gräber man sich nicht einmal erinnerte. Sie zählten nicht. Sie waren nebensächlich. Sie waren dahingeschwunden wie Wolken an einem Sommerhimmel. Auch er war nebensächlich und würde dahinschwinden. Die Natur würde nicht danach fragen. Sie stellte dem Leben nur *eine* Aufgabe, gab ihm nur *ein* Gesetz: die *Aufgabe* des Lebens war, sich fortzupflanzen, sein *Gesetz* war der Tod. Ein Mädchen war ein schönes Geschöpf, gut anzusehen, vollbrüstig und kräftig, mit federndem Schritt und leuchtenden Augen. Ihre Aufgabe aber lag noch vor ihr. Das Licht in ihren Augen wurde heller, ihr Schritt beschleunigte sich, bald war sie zu den jungen Männern keck, bald war sie schüchtern, und ihre eigene Unruhe übertrug sie ihnen. Und immer schöner und noch schöner war sie anzusehen, bis irgendein Jäger, der nicht länger an sich halten konnte, sie in seinen Wigwam nahm, damit sie für ihn arbeite und koche und die Mutter seiner Kinder werde. Und mit der Ankunft der Nachkommenschaft verlor sie ihre Schönheit. Ihre Glieder schleiften und schleppten, ihre Augen wurden trübe und tränten, und nur noch die kleinen Kinder fanden Vergnügen daran, sich beim Feuer an die verwelkte Wange der alten Squaw zu schmiegen. Ihre Aufgabe war erfüllt. Nach einer kurzen Weile, beim ersten Nagen des Hungers oder auf dem ersten langen Treck würde man sie zurücklassen, gerade wie man ihn zurückgelassen hatte, im Schnee, mit einem kleinen Haufen Reisig. So war das Gesetz.

Sorgsam legte er einen Stecken auf das Feuer und nahm sein Sinnen wieder auf. Überall war es dasselbe, mit allen Dingen. Die Moskitos verschwanden beim ersten Frost. Das kleine Eichhörnchen verkroch sich, um zu sterben. Das Kaninchen, vom Alter erfaßt, wurde langsam und schwer und war nicht mehr

slow and heavy and could no longer outfoot its enemies. Even the big bald-face grew clumsy and blind and quarrelsome, in the end to be dragged down by a handful of yelping huskies. He remembered how he had abandoned his own father on an upper reach of the Klondike one winter, the winter before the missionary came with his talk books and his box of medicines. Many a time had Koskoosh smacked his lips over the recollection of that box, though now his mouth refused to moisten. The "painkiller" had been especially good. But the missionary was a bother after all, for he brought no meat into the camp, and he ate heartily, and the hunters grumbled. But he chilled his lungs on the divide by the Mayo, and the dogs afterward nosed the stones away and fought over his bones.

Koskoosh placed another stick on the fire and harked back deeper into the past. There was the time of the great famine, when the old men crouched empty-bellied to the fire, and let fall from their lips dim traditions of the ancient day when the Yukon ran wide open for three winters, and then lay frozen for three summers. He had lost his mother in that famine. In the summer the salmon run had failed, and the tribe looked forward to the winter and the coming of the caribou. Then the winter came, but with it there were no caribou. Never had the like been known, not even in the lives of the old men. But the caribou did not come, and the rabbits had not replenished, and the dogs were naught but bundles of bones. And through the long darkness the children wailed and died, and the women, and the old men; and not one in ten of the tribe lived to meet the sun when it came back in the spring. That *was* a famine!

But he had seen times of plenty, too, when the meat

schnellfüßiger als seine Feinde. Selbst das große Kahlgesicht, der Bär, wurde schwerfällig und blind und zänkisch, und schließlich riß ihn eine Handvoll kläffender Eskimohunde zu Boden. Er erinnerte sich daran, wie er seinen eigenen Vater eines Winters am Oberlauf des Klondike verlassen hatte – es war in dem Winter, bevor der Missionar mit seinen Büchern voller Worte und seinem Medizinkasten kam. Viele Male hatte sich Koskoosh bei der Erinnerung an diesen Kasten die Lippen geleckt, obwohl sein Mund jetzt einfach nicht mehr feucht werden wollte. Besonders gut war der „Schmerzentöter" gewesen ...

Schließlich war der Missionar ihnen doch zur Last geworden, denn er brachte kein Fleisch ins Lager, aß jedoch herzhaft, und die Jäger murrten. Aber an der Wasserscheide des Mayo verkühlte er sich die Lunge, und nachher scharrten die Hunde die Steine weg und balgten sich um seine Knochen.

Wieder legte Koskoosh einen Stecken ins Feuer und lauschte tiefer in die Vergangenheit. Da war die Zeit der großen Hungersnot, als die alten Männer sich mit leeren Mägen ums Feuer hockten; dann fielen von ihren Lippen die dunklen Überlieferungen aus alten Tagen, da der Yukon drei Winter lang breit und offen gewesen war, und dafür drei Sommer eingefroren. In jener Hungersnot hatte er seine Mutter verloren. Im Sommer darauf war der Lachszug ausgeblieben, und der Stamm hatte begierig auf den Winter und das Kommen des Rentiers gewartet. Und dann kam der Winter, aber er brachte kein Rentier. So etwas war noch nie dagewesen, nicht einmal im Leben der ganz Alten. Aber die Rentiere kamen nicht, und die Kaninchen hatten sich nicht vermehrt, und die Hunde waren nichts als Knochenbündel. Und während der langen Dunkelheit wimmerten die Kinder und starben, und mit ihnen die Frauen und alten Männer. Und nicht einer von zehn des Stammes lebte noch, um die Sonne zu sehen, als sie im Frühjahr wiederkam. Das war eine Hungersnot!

Aber er hatte auch Zeiten der Fülle gesehen, wenn ihnen das

spoiled on their hands, and the dogs were fat and worthless with overeating — times when they let the game go unkilled, and the women were fertile, and the lodges were cluttered with sprawling men-children and women-children. Then it was the men became high-stomached, and revived ancient quarrels, and crossed the divides to the south to kill the Pellys, and to the west that they might sit by the dead fires of the Tananas. He remembered, when a boy, during a time of plenty, when he saw a moose pulled down by the wolves. Zing-ha lay with him in the snow and watched — Zing-ha, who later became the craftiest of hunters, and who, in the end, fell through an air hole on the Yukon. They found him, a month afterward, just as he had crawled halfway out and frozen stiff to the ice.

But the moose. Zing-ha and he had gone out that day to play at hunting after the manner of their fathers. On the bed of the creek they struck the fresh track of a moose, and with it the tracks of many wolves. "An old one," Zing-ha, who was quicker at reading the sign, said, "an old one who cannot keep up with the herd. The wolves have cut him out from his brothers, and they will never leave him." And it was so. It was their way. By day and by night, never resting, snarling on his heels, snapping at his nose, they would stay by him to the end. How Zing-ha and he felt the blood lust quicken! The finish would be a sight to see!

Eager-footed, they took the trail, and even he, Koskoosh, slow of sight and an unversed tracker, could have followed it blind, it was so wide. Hot were they on the heels of the chase, reading the grim tragedy, fresh-written, at every step. Now they came to where the moose had made a stand. Thrice the length of a grown man's body, in every direction, had

Fleisch in den Händen verdarb, und die Hunde fett waren und so überfressen, daß sie nichts taugten – Zeiten, in denen der Stamm das Wild ungejagt vorbeiziehen ließ; und die Frauen waren fruchtbar, und die Wigwams quollen über von zappelnden männlichen und weiblichen Kindern. Und die Männer wurden übermütig und ließen alte Händel wieder aufleben; sie überquerten die Wasserscheide nach Süden hin, um die Pellys zu töten, und nach Westen hin, um an den ausgebrannten Feuern der Tananas zu sitzen. Er erinnerte sich, wie er als Knabe während einer solchen Zeit der Fülle einen Elch gesehen hatte, den die Wölfe rissen. Zing-ha lag mit ihm im Schnee und sah zu – Zing-ha, der später der listigste aller Jäger wurde, und der schließlich durch ein Luftloch im Eis in den Yukon fiel. Einen Monat später hatten sie ihn gefunden; er war gerade bis zur Hüfte herausgekrochen und am Eis steif festgefroren.

Aber der Elch. Zing-ha und er waren an jenem Tag hinausgelaufen, um nach der Art ihrer Väter Jagd zu spielen. Im Bachbett fanden sie die frische Fährte eines Elchs, und dabei die Fährten vieler Wölfe.

„Ein alter", sagte Zing-ha, der die Spuren schneller lesen konnte, „ein alter, der nicht mit der Herde Schritt halten kann. Die Wölfe haben ihn von seinen Brüdern abgeschnitten und werden nicht mehr von ihm weichen." Und so war es. Das war Wolfsart. Bei Tag und bei Nacht, nimmer rastend, seine Füße umknurrend, nach seiner Nase schnappend, würden sie bis zum Ende bei ihm bleiben. Wie der Blutrausch ihn und Zing-ha überkam! Das Ende würde ein sehenswertes Schauspiel sein!

Leichtfüßig nahmen sie die Fährte auf, und selbst er, Koskoosh, der keine raschen Augen hatte und ein ungeübter Spurenleser war, hätte sie blind verfolgen können, so breit war sie. Ungestüm blieben sie der Jagd auf den Fersen, die grausige Tragödie, frischgeschrieben, aus jedem Schritt lesend. Bald kamen sie zu der Stelle, wo der Elch halt gemacht hatte. In der dreifachen Länge eines ausgewachsenen Mannes war der Schnee nach

the snow been stamped about and uptossed. In the midst were the deep impressions of the splay-hoofed game, and all about, everywhere, were the lighter footmarks of the wolves. Some, while their brothers harried the kill, had lain to one side and rested. The full-stretched impress of their bodies in the snow was as perfect as though made the moment before. One wolf had been caught in a wild lunge of the maddened victim and trampled to death. A few bones, well picked, bore witness.

Again, they ceased the uplift of their snowshoes at a second stand. Here the great animal had fought desperately. Twice had he been dragged down, as the snow attested, and twice had he shaken his assailants clear and gained footing once more. He had done his task long since, but none the less was life dear to him. Zing-ha said it was a strange thing, a moose once down to get free again; but this one certainly had. The shaman would see signs and wonders in this when they told him.

And yet again, they came to where moose had made to mount the bank and gain the timber. But his foes had laid on from behind, till he reared and fell back upon them, crushing two deep into the snow. It was plain the kill was at hand, for their brothers had left them untouched.

Two more stands were hurried past, brief in time length and very close together. The trail was red now, and the clean stride of the great beast had grown short and slovenly. Then they heard the first sounds of the battle — not the full-throated chorus of the chase, but the short, snappy bark which spoke of close quarters and teeth to flesh. Crawling up the wind, Zing-ha bellied it through the snow, and with him crept he, Koskoosh, who was to

allen Richtungen hin zerstampft und aufgewühlt. In der Mitte waren die tiefen Eindrücke vom breiten Huf des Wildes, und ringsherum, überall, die leichteren Fußspuren der Wölfe. Einige hatten, während ihre Brüder die Beute peinigten, auf einer Seite gelegen und geruht. Der ausgestreckte Abdruck ihrer Leiber im Schnee war so vollkommen, als wäre er erst einen Augenblick vorher entstanden. Ein Wolf war bei einem rasenden Ausfall des wildgewordenen Opfers gefaßt und zu Tode getrampelt worden. Ein paar kahlgenagte Knochen legten Zeugnis davon ab.

Schon machten sie mit ihren Schneeschuhen an einer zweiten Stelle halt. Hier hatte das große Tier verzweifelt gekämpft. Zweimal war es – das war im Schnee zu sehen – zu Boden gezerrt worden, und zweimal hatte es seine Bedränger abgeschüttelt und war wieder auf die Füße gekommen. Es hatte seine Aufgabe längst erfüllt, dennoch war ihm das Leben teuer. Zing-ha sagte, es sei eine Seltenheit, daß ein Elch, einmal zu Boden gerissen, sich wieder frei mache. Dieser aber hatte es getan, das stand fest. Der Medizinmann würde Zeichen und Wunder darin sehen, wenn sie es ihm berichteten.

Und dann endlich kamen sie zu der Stelle, wo der Elch sich aufgemacht hatte, eine Böschung zu ersteigen und den Hochwald zu erreichen. Aber seine Feinde hatten ihn von rückwärts angegriffen, bis er sich aufbäumte, hintenüberstürzte und zwei von ihnen im Schnee unter sich begrub. Es war deutlich zu sehen, daß das Ende bevorstand, denn ihre Brüder hatten sie nicht angerührt. Die Knaben eilten an zwei weiteren Kampfplätzen vorbei, zeitlich und räumlich sehr dicht nacheinander. Jetzt war die Fährte rot, und der freie Schritt des großen Tiers war kurz und schleppend geworden. Dann hörten sie das erste Geräusch des Kampfes – nicht den volltönenden Chor der Jagd, sondern das kurze, bissige Bellen, das von Nahkampf sprach und von Zähnen, die sich in Fleisch schlugen. Dem Wind entgegen kroch Zing-ha auf dem Bauch durch den Schnee, und mit ihm kroch er, Koskoosh, der in späteren Zeiten der Häuptling des Stammes

be chief of the tribesmen in the years to come. Together they shoved aside the underbranches of a young spruce and peered forth. It was the end they saw.

The picture, like all of youth's impressions, was still strong with him, and his dim eyes watched the end played out as vividly as in that far-off time. Koskoosh marvelled at this, for in the days which followed, when he was a leader of men and a head of councillors, he had done great deeds and made his name a curse in the mouths of the Pellys, to say naught of the strange white man he had killed, knife to knife, in open fight.

For long he pondered on the days of his youth, till the fire died down and the frost bit deeper. He replenished it with two sticks this time, and gauged his grip on life by what remained. If Sit-cum-to-ha had only remembered her grandfather, and gathered a larger armful, his hours would have been longer. It would have been easy. But she was ever a careless child, and honored not her ancestors from the time the Beaver, son of the son of Zing-ha, first cast eyes upon her. Well, what mattered it? Had he not done likewise in his own quick youth? For a while he listened to the silence. Perhaps the heart of his son might soften, and he would come back with the dogs to take his old father on with the tribe to where the caribou ran thick and the fat hung heavy upon them.

He strained his ears, his restless brain for the moment stilled. Not a stir, nothing. He alone took breath in the midst of the great silence. It was very lonely. Hark! What was that? A chill passed over his body. The familiar, long-drawn howl broke the void, and it was close at hand. Then on his darkened eyes was projected the vision of the moose – the old bull moose – the torn flanks and bloody sides, the riddled mane,

sein sollte. Gemeinsam schoben sie die unteren Zweige einer jungen Tanne auseinander und spähten nach vorn. Was sie sahen, war das Ende.

Das Bild stand, wie alle Eindrücke der Jugend, noch deutlich vor ihm, und seine trüben Augen beobachteten das Ende des Dramas so genau wie in jenen fernen Zeiten. Koskoosh wunderte sich darüber, denn in den Jahren, die darauf folgten, als er der Führer seines Stammes und das Haupt im Rat gewesen war, hatte er große Taten getan, hatte seinen Namen zum Fluch im Munde der Pellys gemacht, gar nicht zu reden von jenem seltsamen weißen Mann, den er getötet hatte, Messer gegen Messer, in offenem Kampf.

Lange grübelte er über die Tage seiner Jugend nach, bis das Feuer heruntergebrannt und der Frost schärfer zubiß. Diesmal legte er zwei Stecken auf und maß die Frist seines Lebens an dem Reisig, das noch übrig war. Wenn Sit-cum-to-ha nur mehr an ihren Großvater gedacht und einen größeren Armvoll gesammelt hätte, dann wären seine Stunden jetzt länger. Es wäre einfach gewesen. Aber sie war immer ein leichtfertiges Kind, sie ehrte ihre Vorfahren von der Stunde an nicht mehr, da Biber, der Enkel des Zing-ha, sein Auge auf sie warf. Nun, was bedeutete es schon? Hatte er nicht in seiner eigenen raschen Jugend ebenso gehandelt? Eine Weile lauschte er in die Stille. Vielleicht würde das Herz seines Sohnes weich werden, daß er mit den Hunden zurückkam, um seinen alten Vater mit dem Stamm dorthin zu nehmen, wo es viele Rentiere gab, an denen schwer das Fett hing.

Er strengte seine Ohren an, sein rastloses Hirn ruhte einen Augenblick. Nein. Nichts regte sich, nichts. Er allein atmete inmitten des großen Schweigens. Es war sehr einsam. Horch – was war das? Ein Schauer lief ihm über den Körper. Das wohlbekannte, langgezogene Geheul durchbrach die Leere, war ganz in der Nähe. Da stieg vor seinen erloschenen Augen das Bild des Elchs auf – des alten Elchbullen – die zerrissenen Flanken und die blutigen Weichen, die wirre Mähne und das große ver-

and the great branching horns, down low and tossing to the last. He saw the flashing forms of gray, the gleaming eyes, the lolling tongues, the slavered fangs. And he saw the inexorable circle close in till it became a dark point in the midst of the stamped snow.

A cold muzzle thrust against his cheek, and at its touch his soul leaped back to the present. His hand shot into the fire and dragged out a burning faggot. Overcome for the nonce by his hereditary fear of man, the brute retreated, raising a prolonged call to his brothers; and greedily they answered, till a ring of crouching, jaw-slobbered gray was stretched round about. The old man listened to the drawing in of this circle. He waved his brand wildly, and sniffs turned to snarls; but the panting brutes refused to scatter. Now one wormed his chest forward, dragging his haunches after, now a second, now a third; but never a one drew back. Why should he cling to life? he asked, and dropped the blazing stick into the snow. It sizzled and went out. The circle grunted uneasily but held its own. Again he saw the last stand of the old bull moose, and Koskoosh dropped his head wearily upon his knees. What did it matter after all? Was it not the law of life?

zweigte Geweih, tief gesenkt und stoßend bis zuletzt. Er sah die huschenden grauen Gestalten, die glühenden Augen, die heraushängenden Zungen, die geifernden Fänge. Und er sah den unentrinnbaren Kreis sich schließen, bis der Elch ein dunkles Knäuel inmitten des zerstampften Schnees war.

Eine kalte Schnauze stieß gegen seine Wange, und bei dieser Berührung sprang seine Seele zurück in die Gegenwart. Seine Hand schoß ins Feuer und riß einen brennenden Stecken heraus. Im Augenblick überwältigt von angeborener Furcht vor dem Menschen, wich das Tier zurück und stimmte dabei ein langgezogenes Geheul nach seinen Brüdern an. Gierig antworteten sie, bis sich ein Ring von kriechendem, geiferndem Grau um den Alten schloß. Er hörte genau, wie der Kreis enger wurde. Wild schwenkte er den Brand, und aus dem Schnaufen wurde Knurren. Aber die keuchenden Bestien zerstreuten sich nicht. Nun schob einer seine Brust vor, zog die Hinterbeine nach – jetzt ein zweiter, ein dritter. Aber keiner kroch wieder zurück. Warum sollte er sich ans Leben klammern, fragte sich der Alte, und ließ das glimmende Holz in den Schnee sinken. Es zischte und erlosch. Der Kreis knurrte unsicher, wich aber nicht. Wieder sah Koskoosh den letzten Kampf des alten Elchbullen. Müde ließ er seinen Kopf auf die Knie sinken. Was bedeutete es schließlich? War es nicht das Gesetz des Lebens?

Nathaniel Hawthorne: Wakefield

In some old magazine or newspaper I recollect a story, told as truth, of a man – let us call him Wakefield – who absented himself for a long time from his wife. The fact, thus abstractly stated, is not very uncommon, nor – without a proper distinction of circumstances – to be condemned either as naughty or nonsensical. Howbeit, this, though far from the most aggravated, is perhaps the strangest, instance on record, of marital delinquency; and, moreover, as remarkable a freak as may be found in the whole list of human oddities. The wedded couple lived in London. The man, under pretence of going a journey, took lodgings in the next street to his own house, and there, unheard of by his wife or friends, and without the shadow of a reason for such self-banishment, dwelt upwards of twenty years. During that period, he beheld his home every day, and frequently the forlorn Mrs. Wakefield. And after so great a gap in his matrimonial felicity – when his death was reckoned certain, his estate settled, his name dismissed from memory, and his wife, long, long ago, resigned to her autumnal widowhood – he entered the door one evening, quietly, as from a day's absence, and became a loving spouse till death.

This outline is all that I remember. But the incident, though of the purest originality, unexampled, and probably never to be repeated, is one, I think, which appeals to the generous sympathies of mankind. We know, each for himself, that none of us would

Nathaniel Hawthorne: Wakefield

In einer alten Zeitschrift oder Zeitung finde ich einen für wahr erzählten Bericht über einen Mann – nennen wir ihn Wakefield – der sich für lange Zeit von seiner Frau entfernte. Die Tatsache, so allgemein dargestellt, ist nicht besonders ungewöhnlich und wäre ohne eine genaue Darlegung der Umstände weder als unmoralisch noch als unsinnig zu verdammen. Doch sie ist, wenn auch bei weitem nicht das schlimmste, so doch vielleicht das seltsamste bekannte Beispiel von ehelicher Pflichtvergessenheit, und dazu noch bemerkenswert als eine Grille – so toll, wie man sie auf der Liste menschlicher Sonderlichkeiten nur finden kann. Das Ehepaar lebte in London. Unter dem Vorwand, eine Reise anzutreten, nahm sich der Mann eine Wohnung in der seinem Haus zunächst gelegenen Straße und wohnte dort mehr als zwanzig Jahre, ohne daß seine Frau oder seine Freunde davon wußten, und ohne den Schatten eines Grundes für eine solche Selbstverbannung. Während dieser Zeit sah er sein Haus jeden Tag, und oft auch die verlassene Frau Wakefield. Und nach einer so großen Lücke in seinem ehelichen Glück – als man seinen Tod schon als bestimmt angenommen, seinen Nachlaß geregelt und seinen Namen fast vergessen hatte, und als sich seine Frau schon längst in ihre herbstliche Witwenschaft gefunden hatte – trat er eines Abends durch die Tür, ruhig, als sei er nur einen Tag weggewesen, und wurde wieder bis zu seinem Tod der liebevolle Ehegatte.

Diese Skizze ist alles, was ich mir gemerkt habe. Doch das Geschehen, wenn auch einmalig und ohne Beispiel und wahrscheinlich auch ohne Wiederholung, ist dennoch, wie mir scheint, eines, das volle menschliche Anteilnahme fordert. Wir wissen, jeder für sich selbst, daß keiner von uns sich einer derartigen

perpetrate such a folly, yet feel as if some other might. To my own contemplations, at least, it has often recurred, always exciting wonder, but with a sense that the story must be true, and a conception of its hero's character. Whenever any subject so forcibly affects the mind, time is well spent in thinking of it. If the reader choose, let him do his own meditation; or if he prefers to ramble with me through the twenty years of Wakefield's vagary, I bid him welcome; trusting that there will be a pervading spirit and a moral, even should we fail to find them, done up neatly, and condensed into the final sentence. Thought has always its efficacy, and every striking incident its moral.

What sort of a man was Wakefield! We are free to shape out our own idea, and call it by his name. He was now in the meridian of life; his matrimonial affections, never violent, were sobered into a calm, habitual sentiment; of all husbands, he was likely to be the most constant, because a certain sluggishness would keep his heart at rest, wherever it might be placed. He was intellectual, but not actively so; his mind occupied itself in long and lazy musings, that ended to no purpose, or had not vigor to attain it; his thoughts were seldom so energetic as to seize hold of words. Imagination, in the proper meaning of the term, made no part of Wakefield's gifts. With a cold but not depraved nor wandering heart, and a mind never feverish with riotous thoughts, nor perplexed with originality, who could have anticipated that our friend would entitle himself to a foremost place among the doers of eccentric deeds? Had his acquaintances been asked, who was the man in London the surest to perform nothing today which should be remembered on the morrow, they would have thought

Torheit schuldig machen würde, und doch trauen wir sie andern zu. In meinen eigenen Betrachtungen wenigstens taucht sie immer wieder auf, jedesmal von neuem meine Verwunderung, jedoch zugleich das Gefühl erregend, daß die Geschichte wahr sein müsse, und mit einer deutlichen Vorstellung von dem Charakter des Helden. Sooft ein Gegenstand sich des Geistes so heftig bemächtigt, ist es keine verlorene Zeit, darüber nachzudenken. Wenn der Leser es gern selbst bedenken möchte, mag er es tun; zieht er es vor, mit mir durch die zwanzig Jahre der Irrfahrt Wakefields zu schweifen, so sei er mir willkommen; hoffen wir, daß ein durchgehender Sinn und eine Moral darin stecken, auch wenn wir sie nicht aufgeschlüsselt und im Schlußsatz zusammengefaßt entdecken. Der Gedanke hat immer eine wirksame Kraft, und jedes Geschehen hat seine Moral.

Was für ein Mann war Wakefield? Wir dürfen uns unsere eigene Vorstellung machen und sie mit seinem Namen bezeichnen. Er stand jetzt im Mittag seines Lebens; seine eheliche Liebe, die niemals leidenschaftlich gewesen war, hatte sich zu einem ruhigen, gewohnheitsmäßigen Gefühl gemindert; er war vermutlich der beständigste aller Ehemänner, weil eine gewisse Trägheit sein Herz dort zufrieden sein ließ, wo es einmal zuhause war. Er war intelligent, aber er wendete seinen Verstand nicht an; er hing langen und trägen Betrachtungen nach, die entweder kein Ziel oder aber nicht die Kraft hatten, ihr Ziel zu erreichen; selten waren seine Gedanken so nachdrücklich, daß sie sich zu Worten formten. Phantasie im eigentlichen Sinn des Wortes gehörte nicht zu Wakefields Gaben. Bei seinem kalten, aber weder verderbten noch wankelmütigen Herzen, bei seinem Geist, in dem niemals aufrührerische Gedanken fieberten und den keinerlei Originalität verwirrte – wer hätte ahnen können, daß sich unser Freund einen ersten Platz unter jenen erwerben würde, welche exzentrische Taten begehen? Hätte man seine Bekannten gefragt, welcher Mensch in London mit der größten Sicherheit heute nichts tun würde, woran man sich morgen noch erinnerte, so hätten sie wohl an Wakefield gedacht. Nur die Frau

of Wakefield. Only the wife of his bosom might have hesitated. She, without having analyzed his character, was partly aware of a quiet selfishness, that had rusted into his inactive mind; of a peculiar sort of vanity, the most uneasy attribute about him; of a disposition to craft, which had seldom produced more positive effects than the keeping of petty secrets, hardly worth revealing; and, lastly, of what she called a little strangeness, sometimes, in the good man. This latter quality is indefinable, and perhaps non-existent.

Let us now imagine Wakefield bidding adieu to his wife. It is the dusk of an October evening. His equipment is a drab great-coat, a hat covered with an oil-cloth, top-boots, an umbrella in one hand and a small portmanteau in the other. He has informed Mrs. Wakefield that he is to take the night coach into the country. She would fain inquire the length of his journey, its object, and the probable time of his return; but, indulgent to his harmless love of mystery, interrogates him only by a look. He tells her not to expect him positively by the return coach, nor to be alarmed should he tarry three or four days; but, at all events, to look for him at supper on Friday evening. Wakefield himself, be it considered, has no suspicion of what is before him. He holds out his hand, she gives her own, and meets his parting kiss in the matter-of-course way of a ten year's matrimony; and forth goes the middle-aged Mr. Wakefield, almost resolved to perplex his good lady by a whole week's absence. After the door has closed behind him, she perceives it thrust partly open, and a vision of her husband's face, through the aperture, smiling on her, and gone in a moment. For the time, this little incident is dismissed without a thought. But, long afterwards, when she has been more years a widow than a wife, that smile

seiner Wahl hätte vielleicht gezögert. Sie hatte seinen Charakter nicht analysiert, aber sie wußte um die stille Selbstsucht, die sich in seinen untätigen Geist eingefressen hatte; um die wunderliche Eitelkeit, die seine beunruhigendste Eigenschaft war; um seine Neigung zu einer Art List, die selten handgreiflichere Wirkungen zeitigte, als daß er kindische Geheimnisse hatte, die kaum des Enthüllens wert waren; und schließlich wußte sie um eine gewisse Fremdheit, wie sie es nannte, die sie manchmal an dem gutmütigen Mann spürte. Letztere Eigenschaft läßt sich nicht genau beschreiben, und vielleicht gibt es sie gar nicht.

Stellen wir uns Wakefield vor, wie er seiner Frau Lebewohl sagt. Es herrscht die Dämmerung eines Oktoberabends. Seine Reiseausrüstung besteht aus einem graubraunen Winterüberzieher, einem mit Wachstuch geschützten Hut, Langschäftern, einem Regenschirm in der einen und einer Reisetasche in der anderen Hand. Er hat Frau Wakefield gesagt, daß er die Nachtpost über Land nehmen will. Sie hätte ihn gern nach der Dauer seiner Reise, ihrem Ziel und der vermutlichen Zeit seiner Heimkehr gefragt; doch mit Rücksicht auf seine harmlose Neigung zur Geheimniskrämerei fragt sie ihn nur durch einen Blick. Er sagt ihr, sie möge ihn keinesfalls postwendend erwarten und nicht beunruhigt sein, wenn er drei oder vier Tage fortbleibe; daß sie ihn aber auf jeden Fall Freitag zum Abendessen erwarten möge. Nehmen wir an, Wakefield selbst hat keine Ahnung, was ihm bevorsteht. Er reicht ihr seine Hand, sie gibt ihm die ihre und nimmt seinen Abschiedskuß mit der Selbstverständlichkeit einer zehnjährigen Ehe entgegen; und Herr Wakefield, ein Mann mittleren Alters, geht fort, beinahe entschlossen, seine gute Frau durch eine ganze Woche Abwesenheit in Unruhe zu versetzen. Nachdem sich die Tür hinter ihm geschlossen hat, bemerkt sie, daß diese nochmals einen Spalt geöffnet wird, und sieht durch die Öffnung das Gesicht ihres Mannes, der ihr zulächelt und gleich darauf verschwunden ist. Damals hat sie den kleinen Zwischenfall ohne weiteres vergessen. Aber lange nachher, als sie schon mehr Jahre Witwe als Ehefrau gewesen ist,

recurs, and flickers across all her reminiscences of Wakefield's visage. In her many musings, she surrounds the original smile with a multitude of fantasies, which make it strange and awful: as, for instance, if she imagines him in a coffin, that parting look is frozen on his pale features; or, if she dreams of him in heaven, still his blessed spirit wears a quiet and crafty smile. Yet, for its sake, when all others have given him up for dead, she sometimes doubts whether she is a widow.

But our business is with the husband. We must hurry after him along the street, ere he lose his individuality, and melt into the great mass of London life. It would be vain searching for him there. Let us follow close at his heels, therefore, until, after several superfluous turns and doublings, we find him comfortably established by the fireside of a small apartment, previously bespoken. He is in the next street to his own, and at his journey's end. He can scarcely trust his good fortune, in having got thither unperceived — recollecting that, at one time, he was delayed by the throng, in the very focus of a lighted lantern; and, again, there were footsteps that seemed to tread behind his own, distinct from the multitudinous tramp around him; and, anon, he heard a voice shouting afar, and fancied that it called his name. Doubtless, a dozen busybodies had been watching him, and told his wife the whole affair. Poor Wakefield! Little knowest thou thine own insignificance in this great world! No mortal eye but mine has traced thee. Go quietly to thy bed, foolish man; and, on the morrow, if thou wilt be wise, get thee home to good Mrs. Wakefield, and tell her the truth. Remove not thyself, even for a little week, from thy place in her chaste bosom. Were she, for a single moment, to deem thee dead, or lost, or lastingly divided from her, thou wouldst be woefully con-

fällt ihr dieses Lächeln wieder ein und flackert durch all ihre Erinnerungen an Wakefields Gesicht. In ihrem vielen Sinnen webt sie um dieses Lächeln manche Phantasien, die es seltsam und schrecklich machen. Wenn sie ihn sich zum Beispiel in einem Sarg vorstellt, ist dieser Abschiedsblick auf seinen bleichen Zügen festgefroren, oder wenn sie träumt, er sei im Himmel, trägt selbst sein seliger Geist noch dieses listige und stille Lächeln. Doch wegen dieses Lächelns zweifelt sie manchmal, daß sie eine Witwe ist, nachdem alle andern ihn als tot aufgegeben haben.

Wir aber haben es mit dem Ehemann zu tun. Wir müssen ihm nach, die Straße hinuntereilen, ehe er seine Individualität verliert und mit der großen Masse des Londoner Lebens verschmilzt. Ihn dort zu suchen, wäre vergeblich. Folgen wir ihm dicht auf den Fersen, bis wir ihn nach etlichen überflüssigen Wendungen und Haken behaglich am Kamin der bereits erwähnten kleinen Wohnung sitzend wiederfinden. Er ist in der Straße, die seiner eigenen zunächst liegt, am Ende seiner Reise. Kaum traut er seinem Glück, daß er unbemerkt bis hierher gekommen ist, denn er erinnert sich, daß er einmal, durch die Menge aufgehalten, gerade im Lichtkreis einer brennenden Laterne gewesen ist; daß Schritte hinter ihm waren, die ihn zu verfolgen schienen, da sie sich deutlich von dem Getrappel der Menge um ihn herum abhoben. Ein anderes Mal hörte er aus der Ferne eine Stimme rufen und bildete sich ein, daß sie seinen Namen riefe. Zweifellos hatte ein Dutzend Wichtigtuer ihn beobachtet und seiner Frau die ganze Sache zugetragen! Armer Wakefield! Wie wenig kennst du deine eigene Unbedeutendheit in dieser großen Welt! Kein menschliches Auge außer dem meinen ist deiner Spur gefolgt. Begib dich ruhig zu Bett, du törichter Mensch; und wenn du am nächsten Morgen weise handeln willst, dann gehe heim zu der guten Frau Wakefield und sage ihr die Wahrheit! Weiche nicht von ihrer treuen Brust, und sei es nur für eine kurze Woche! Wenn sie dich nur einen einzigen Augenblick für tot oder verloren oder auf ewig von ihr getrennt wähnt, müßtest du dir schmerzvoll einer Veränderung in deiner guten

scious of a change in thy true wife forever after. It is perilous to make a chasm in human affections; not that they gape so long and wide – but so quickly close again!

Almost repenting of his frolic, or whatever it may be termed, Wakefield lies down betimes, and starting from his first nap, spreads forth his arms into the wide and solitary waste of the unaccustomed bed. "No," thinks he, gathering the bedclothes about him, "I will not sleep alone another night."

In the morning he rises earlier than usual, and sets himself to consider what he really means to do. Such are his loose and rambling modes of thought that he has taken this very singular step with the consciousness of a purpose, indeed, but without being able to define it sufficiently for his own contemplation. The vagueness of the project, and the convulsive efforts with which he plunges into the execution of it, are equally characteristic of a feeble-minded man. Wakefield sifts his ideas, however, as minutely as he may, and finds himself curious to know the progress of matters at home – how his exemplary wife will endure her widowhood of a week; and, briefly, how the little sphere of creatures and circumstances, in which he was a central object, will be affected by his removal. A morbid vanity, therefore, lies nearest the bottom of the affair. But, how is he to attain his ends? Not certainly, by keeping close in this comfortable lodging, where, though he slept and awoke in the next street to his home, he is as effectually abroad as if the stagecoach had been whirling him away all night. Yet, should he reappear, the whole project is knocked in the head. His poor brains being hopelessly puzzled with this dilemma, he at length ventures out, partly resolving to cross the head of the street, and send one hasty glance towards his forsaken domicile. Habit – for he

Frau bewußt werden, die für immer andauert. Es ist gefährlich, eine Kluft in menschliche Gefühle zu reißen; nicht weil sie so lange und weit klafft – sondern weil sie sich so schnell schließt.

Seinen Scherz, oder wie man es nennen mag, beinahe bereuend, legt sich Wakefield beizeiten zur Ruhe und streckt, aus dem ersten Schlummer auffahrend, seine Arme in die weite und einsame Wüste des ungewohnten Bettes. „Nein", denkt er, während er die Decken enger um sich zieht, „ich will keine zweite Nacht allein schlafen!"

Am Morgen erhebt er sich früher als gewöhnlich und geht mit sich selbst zu Rate, was er nun wirklich zu tun gedenkt. So locker und schweifend sind seine Gedankengänge, daß er seinen äußerst sonderbaren Schritt zwar mit dem Bewußtsein einer Absicht getan hat, aber nicht imstande ist, sich diese für seine eigene Überlegung ausreichend klarzumachen. Das Unbestimmte seines Plans, die krampfhafte Anstrengung, mit der er sich in die Ausführung stürzt, sind gleichermaßen bezeichnend für einen Menschen von unentschlossenem Wesen. Immerhin erforscht Wakefield seine Gedanken so genau er es vermag und entdeckt, daß er neugierig ist, wie die Dinge zuhause laufen – wie seine musterhafte Gattin ihre einwöchige Witwenschaft aushalten wird; und kurzum, wie der kleine Kreis von Geschöpfen und Verhältnissen, deren Mittelpunkt er war, auf sein Fortgehen reagieren wird. Dem Ganzen scheint also zunächst eine krankhafte Eitelkeit zugrunde zu liegen. Wie kann er aber sein Ziel erreichen? Gewiß nicht dadurch, daß er sich in dieser behaglichen Wohnung aufhält, wo er (obwohl er nur in der seinem Hause nächsten Straße schlief und erwachte) in Wahrheit so weit weg ist, als habe die Postkutsche ihn die ganze Nacht über Land getragen. Dennoch, wenn er wieder auftauchen würde, so wäre der ganze Plan über den Haufen geworfen. Sein armes Hirn ist hoffnungslos verwirrt von diesem Dilemma; endlich wagt er sich hinaus, halb entschlossen, die Straße nur am oberen Ende zu kreuzen und einen hastigen Blick auf sein verlassenes Haus zu werfen. Da bemächtigte sich seiner die Gewohnheit – denn er

is a man of habits – takes him by the hand, and guides him, wholly unaware, to his own den, where, just at the critical moment, he is aroused by the scraping of his foot upon the step. Wakefield! whither are you going?

At that instant his fate was turning on the pivot. Little dreaming of the doom to which his first backward step devotes him, he hurries away, breathless with agitation hitherto unfelt, and hardly dares turn his head at the distant corner. Can it be that nobody caught sight of him? Will not the whole household – the decent Mrs. Wakefield, the smart maid servant and the dirty little footboy – raise a hue and cry, through London streets, in pursuit of their fugitive lord and master? Wonderful escape! He gathers courage to pause and look homeward, but is perplexed with a sense of change about the familiar edifice, such as affects us all, when, after a separation of months or years, we again see some hill or lake, or work of art, with which we were friends of old. In ordinary cases, this indescribable impression is caused by the comparison and contrast between our imperfect reminiscences and the reality. In Wakefield the magic of a single night has wrought a similar transformation, because, in that brief period, a great moral change has been effected. But this is a secret from himself. Before leaving the spot, he catches a far and momentary glimpse of his wife, passing athwart the front window, with her face turned towards the head of the street. The crafty nincompoop takes to his heels, scared with the idea that, among a thousand such atoms of mortality, her eye must have detected him. Right glad is his heart, though his brain be somewhat dizzy, when he finds himself by the coal fire of his lodgings.

So much for the commencement of this long whim-wham. After the initial conception, and the stirring

ist ein Mann der Gewohnheit – und führt ihn, ohne daß er es merkt, zu seiner eigenen Behausung, wo er gerade im kritischen Moment dadurch erwacht, daß er sich die Füße an der Schwelle abstreift. Wakefield! Wohin gehst du?

In diesem Augenblick steht sein Schicksal am Wendepunkt. Er ahnt das Schicksal nicht, dem sein erster Schritt rückwärts ihn ausliefert, er eilt fort, atemlos von einer bisher ungekannten Erregung, und wagt am andern Ende der Straße kaum den Kopf zu wenden. Ist es möglich, daß niemand ihn gesehen hat? Wird nicht der ganze Haushalt – die ehrbare Frau Wakefield, das kecke Dienstmädchen und der schmutzige kleine Hausdiener – mit lautem Geschrei den durchgebrannten Herrn und Meister durch die Straßen Londons verfolgen? – Wunderbare Rettung! Er faßt Mut, stehen zu bleiben und heimwärts zu schauen, aber er ist betroffen, er hat das Gefühl, als habe sich an dem vertrauten Bauwerk etwas verändert – ein Gefühl, das wir alle haben, wenn wir nach einer Trennung von Monaten oder Jahren einen Hügel, einen See, ein Kunstwerk wiedersehen, das uns einstmals ein guter Freund gewesen. In gewöhnlichen Fällen wird dieser unbeschreibliche Eindruck durch den Vergleich und Kontrast zwischen unseren unvollkommenen Erinnerungen und der Wirklichkeit hervorgerufen. In Wakefield hat die Zauberkraft einer einzigen Nacht eine ähnliche Verwandlung bewirkt, weil in dieser kurzen Zeitspanne eine große moralische Veränderung mit ihm vorgegangen ist. Dies bleibt ihm selbst aber ein Geheimnis. Ehe er seinen Platz verläßt, erhascht er aus der Entfernung einen kurzen Blick auf seine Frau, die am vorderen Fenster vorbeigeht, das Gesicht dem Anfang der Straße zugewendet. Der schlaue Narr nimmt Reißaus, erschreckt von dem Gedanken, ihr Auge müsse unter Tausenden solcher sterblichen Nichtse gerade ihn entdeckt haben. Sein Herz ist voll Freude, wenn sein Kopf auch etwas schwindelig ist, als er wieder am Kohlenfeuer seiner neuen Wohnung sitzt.

Soviel vom Anfang dieser langen Posse. Nach dem ursprünglichen Gedanken ist das träge Temperament dieses Mannes in

up of the man's sluggish temperament to put it in practice, the whole matter evolves itself in a natural train. We may suppose him, as the result of deep deliberation, buying a new wig, of reddish hair, and selecting sundry garments, in a fashion unlike his customary suit of brown, from a Jew's old-clothes bag. It is accomplished. Wakefield is another man. The new system being now established, a retrograde movement to the old would be almost as difficult as the step that placed him in his unparalleled position. Furthermore, he is rendered obstinate by a sulkiness occasionally incident to his temper, and brought on at present by the inadequate sensation which he conceives to have been produced in the bosom of Mrs. Wakefield. He will not go back until she be frightened half to death. Well; twice or thrice has she passed before his sight; each time with a heavier step, a paler cheek, and more anxious brow; and in the third week of his non-appearance he detects a portent of evil entering the house, in the guise of an apothecary. Next day the knocker is muffled. Towards nightfall comes the chariot of a physician, and deposits its big-wigged and solemn burden at Wakefield's door, whence, after a quarter of an hour's visit, he emerges, perchance the herald of a funeral. Dear woman! Will she die? By this time, Wakefield is excited to something like energy of feeling, but still lingers away from his wife's bedside, pleading with his conscience that she must not be disturbed at such a juncture. If aught else restrains him, he does not know it. In the course of a few weeks she gradually recovers; the crisis is over; her heart is sad, perhaps, but quiet; and, let him return soon or late, it will never be feverish for him again. Such ideas glimmer through the midst of Wakefield's mind, and render him indistinctly conscious that an almost im-

Bewegung gekommen, um den Plan in die Tat umzusetzen, und nun nimmt die ganze Sache einen natürlichen Verlauf. Wir können ihn uns vorstellen, wie er nach tiefer Überlegung eine neue Perücke von rötlichem Haar kauft und aus dem Lumpensack eines alten Juden verschiedene Kleidungsstücke aussucht, die von ganz anderer Art sind als sein gewöhnlicher brauner Anzug. Jetzt ist es geschehen. Wakefield ist ein anderer Mensch. Nachdem das neue System nun eingeführt ist, würde ein Schritt rückwärts, dem Alten zu, beinahe ebenso schwierig sein wie der Schritt, der ihn in diese beispiellose Lage gebracht hat. Dazu hat ihn eine gewisse Übellaunigkeit, die seinem Temperament zuweilen eigen ist, trotzig gemacht, gegenwärtig veranlaßt durch die Einbildung, er habe in der Brust von Frau Wakefield nur unzulängliche Gefühle erweckt. Er will nicht zurückkehren, ehe sie nicht halbtot vor Angst ist. Nun, zwei- oder dreimal ist sie vor seinen Augen vorbeigegangen, jedesmal mit schwererem Schritt, blasseren Wangen, besorgterer Stirn. Und in der dritten Woche seines Fernbleibens entdeckt er einen Unheilsboten, der in Gestalt eines Apothekers das Haus betritt.

Am nächsten Tag ist der Türklopfer umwickelt. Gegen Abend kommt der Wagen eines Arztes und setzt seine feierliche Bürde mit der großen Perücke an Wakefields Tür ab; nach einem viertelstündigen Besuch taucht der Arzt dort wieder auf, vielleicht als der Vorbote eines Begräbnisses. Die gute Frau! Wird sie sterben? Jetzt bekommt Wakefields Gefühl sogar eine Art Kraft, doch er bleibt dem Krankenbett seiner Frau fern und beruhigt sein Gewissen damit, daß sie an einem so kritischen Zeitpunkt nicht gestört werden dürfe. Wenn etwas anderes ihn zurückhält, so weiß er es nicht. Im Lauf einiger Wochen erholt sie sich nach und nach; die Krise ist vorüber; ihr Herz ist vielleicht betrübt, aber es ist still; und ob er früher oder später zurückkehren wird – es wird niemals wieder fieberhaft für ihn schlagen. Solche Gedanken gehen durch Wakefields Hirn und bringen ihm unklar zum Bewußtsein, daß eine fast unüberbrückbare Kluft seine Miets-

passable gulf divides his hired apartment from his former home. "It is but in the next street!" he sometimes says. Fool! it is in another world. Hitherto, he has put off his return from one particular day to another; henceforward, he leaves the precise time undetermined. Not tomorrow – probably next week – pretty soon. Poor man! The dead have nearly as much chance of revisiting their earthly homes as the self-banished Wakefield.

Would that I had a folio to write, instead of an article of a dozen pages! Then might I exemplify how an influence beyond our control lays its strong hand on every deed which we do, and weaves its consequences into an iron tissue of necessity. Wakefield is spell-bound. We must leave him, for ten years or so, to haunt around his house, without once crossing the threshold, and to be faithful to his wife, with all the affection of which his heart is capable, while he is slowly fading out of hers. Long since, it must be remarked, he had lost the perception of singularity in his conduct.

Now for a scene! Amid the throng of a London street we distinguish a man, now waxing elderly, with few characteristics to attract careless observers, yet bearing, in his whole aspect, the handwriting of no common fate, for such as have the skill to read it. He is meagre; his low and narrow forehead is deeply wrinkled; his eyes, small and lustreless, sometimes wander apprehensively about him, but oftener seem to look inward. He bends his head, and moves with an indescribable obliquity of gait, as if unwilling to display his full front to the world. Watch him long enough to see what we have described, and you will allow that circumstances – which often produce remarkable men from nature's ordinary handiwork – have produced one such here. Next, leaving him to

wohnung von seinem früheren Heim trennt. „Es ist nur eine Straße weit!" sagt er manchmal. Du Narr! Es ist in einer andern Welt. Bisher hat er seine Rückkehr von einem bestimmten Tag auf den andern verschoben; von jetzt ab läßt er den Zeitpunkt unbestimmt. Morgen nicht – vielleicht nächste Woche – ziemlich bald. Armer Mann! Die Toten haben kaum weniger Aussicht, ihr irdisches Heim wieder aufzusuchen, als Wakefield, der sich selbst verbannt hat.

Oh, daß ich ein dickes Buch schreiben dürfte statt einer Skizze von ein paar Seiten! Dann könnte ich durch Beispiele belegen, wie ein außerhalb unserer Kraft liegender Einfluß seine Hand auf jede Tat legt, die wir tun, und ihre Folgen in ein eisernes Netz von Notwendigkeiten verwebt.

Wakefield ist wie gebannt. Wir müssen ihn für etwa zehn Jahre verlassen, in denen er um sein Haus geistert, ohne jemals die Schwelle zu überschreiten; mit aller Zuneigung, deren sein Herz fähig ist, ist er seinem Weibe treu, während er langsam aus ihrem Herzen schwindet. Schon lange – wir müssen es betonen – hat er das Gefühl dafür verloren, daß sein Betragen wunderlich ist.

Nun eine Szene: Inmitten der Menschenmenge auf einer Londoner Straße erblicken wir einen Mann, jetzt sichtlich alternd, ohne viele bemerkenswerte Züge, die nachlässige Beobachter anziehen könnten; dennoch trägt seine ganze Erscheinung das Gepräge eines nicht gewöhnlichen Schicksals – für solche, die dergleichen zu lesen verstehen. Er ist mager; seine niedrige, schmale Stirn ist tief gefurcht, seine kleinen, glanzlosen Augen wandern manchmal furchtsam umher, öfter aber scheinen sie nach innen zu blicken. Er senkt den Kopf und schiebt sich mit einem irgendwie schrägen Schritt dahin, als habe er keine Lust, der Welt seine ganze Vorderseite zu zeigen. Betrachtet ihn lange genug, um das zu sehen, was wir geschildert haben, und ihr werdet zugeben, daß die Umstände, die oftmals aus gewöhnlichen Werken der Natur bemerkenswerte Menschen machen, hier einen solchen hervorgebracht haben. Lassen wir ihn auf dem

sidle along the footwalk, cast your eyes in the opposite direction, where a portly female, considerably in the wane of life, with a prayer-book in her hand, is proceeding to yonder church. She has the placid mien of settled widowhood. Her regrets have either died away, or have become so essential to her heart, that they would be poorly exchanged for joy. Just as the lean man and well-conditioned woman are passing, a slight obstruction occurs, and brings these two figures directly in contact. Their hands touch; the pressure of the crowd forces her bosom against his shoulder; they stand, face to face, staring into each other's eyes. After a ten year's separation, thus Wakefield meets his wife!

The throng eddies away, and carries them asunder. The sober widow, resuming her former pace, proceeds to church, but pauses in the portal, and throws a perplexed glance along the street. She passes in, however, opening her prayer-book as she goes. And the man! with so wild a face that busy and selfish London stands to gaze after him, he hurries to his lodgings, bolts the door, and throws himself upon the bed. The latent feelings of years break out; his feeble mind acquires a brief energy from their strength; all the miserable strangeness of his life is revealed to him at a glance: and he cries out, passionately, "Wakefield! Wakefield! You are mad!"

Perhaps he was so. The singularity of his situation must have so moulded him to himself, that, considered in regard to his fellow-creatures and the business of life, he could not be said to possess his right mind. He had contrived, or rather he had happened, to dissever himself from the world – to vanish – to give up his place and privileges with living men, without being admitted among the dead. The life of a hermit is nowise parallel to his. He was in the bustle of the city,

Bürgersteig weitergehen und wenden wir unsere Augen nach der entgegengesetzten Richtung, wo eine stattliche Frau, in beträchtlich vorgerücktem Alter, mit einem Gebetbuch in der Hand, jener Kirche dort zuschreitet. Sie hat die ruhige Miene gesetzter Witwenschaft. Ihr Gram ist entweder erstorben oder aber ihrem Herzen so wesentlich geworden, daß es ein schlechter Tausch wäre, ihn gegen Freude herzugeben. Gerade als der hagere Mann und die stattliche Frau vorbeigehen, ergibt sich eine kleine Verkehrsstockung und bringt diese beiden Gestalten in direkte Fühlung miteinander. Ihre Hände berühren sich; der Druck der Menge preßt ihre Brust gegen seine Schulter; sie stehen Angesicht zu Angesicht und starren sich in die Augen. So begegnet Wakefield nach zehn Jahren der Trennung seiner Frau!

Die Menge strömt weg und trägt sie voneinander fort. Die ehrbare Witwe nimmt ihren früheren Schritt wieder auf und geht weiter auf die Kirche zu; erst im Portal bleibt sie stehen und schickt ihren bestürzten Blick die Straße hinunter. Doch sie geht hinein und öffnet beim Weitergehen ihr Gebetbuch. Und der Mann! Er eilt mit einem so verstörten Gesicht, daß das geschäftige und selbstische London stehen bleibt und ihm nachstarrt, seiner Behausung zu, verriegelt die Tür, wirft sich aufs Bett. Die verborgenen Gefühle von Jahren brechen in ihm auf; sein matter Geist zieht für einen kurzen Augenblick Kraft aus ihrer Stärke, mit einem Blick wird ihm die ganze erbärmliche Abwegigkeit seines Lebens klar, und leidenschaftlich schreit er auf: „Wakefield! Wakefield! Du bist ja wahnsinnig!"

Vielleicht war er es. Die Einzigartigkeit seiner Lage muß ihn so in sich selbst verschmolzen haben, daß er in seinen Beziehungen zu den Mitmenschen und den Geschäften des Lebens nicht als im Besitz seiner vollen geistigen Kräfte betrachtet werden konnte. Er hatte sich mehr durch Zufall als durch eigenes Streben von der Welt getrennt – war verschwunden – hatte seinen Platz und seine Vorrechte unter den Lebenden aufgegeben, ohne Zulaß bei den Toten zu finden. Das Leben eines Einsiedlers war dem seinen nicht vergleichbar. Er lebte wie früher im Gewühl

as of old; but the crowd swept by and saw him not; he was, we may figuratively say, always beside his wife and at his hearth, yet must never feel the warmth of the one nor the affection of the other. It was Wakefield's unprecedented fate to retain his original share of human sympathies, and to be still involved in human interests, while he had lost his reciprocal influence on them. It would be a most curious speculation to trace out the effect of such circumstances on his heart and intellect, separately, and in unison. Yet, changed as he was, he would seldom be conscious of it, but deem himself the same man as ever; glimpses of the truth, indeed, would come, but only for the moment; and still he would keep saying, "I shall soon go back!" — nor reflect that he had been saying so for twenty years.

I conceive, also, that these twenty years would appear, in the retrospect, scarcely longer than the week to which Wakefield had at first limited his absence. He would look on the affair as no more than an interlude in the main business of his life. When, after a little while more, he should deem it time to re-enter his parlor, his wife would clap her hands for joy, on beholding the middle-aged Mr. Wakefield. Alas, what a mistake! Would time but await the close of our favorite follies, we should be young men, all of us, and till Doomsday.

One evening, in the twentieth year since he vanished, Wakefield is taking his customary walk towards the dwelling which he still calls his own. It is a gusty night of autumn, with frequent showers that patter down upon the pavement, and are gone before a man can put up his umbrella. Pausing near the house, Wakefield discerns, through the parlor windows of the second floor, the red glow and the glimmer and fitful flash of a comfortable fire. On the ceiling appears a

der Stadt; aber die Menge fegte vorbei und sah ihn nicht; er war, bildlich gesprochen, immer bei seiner Frau und an seinem eigenen Herd, durfte aber niemals die Wärme des einen und die Zuneigung der andern spüren. Es war Wakefields beispielloses Schicksal, seinen ursprünglichen Anteil an menschlichem Fühlen bewahrt zu haben und noch in menschliche Interessen verwickelt zu sein, während er umgekehrt den eigenen Einfluß auf sie verloren hatte. Es wäre eine höchst seltsame Betrachtung, würde man die Wirkung solcher Umstände auf sein Herz und auf sein Hirn, gesondert und zusammen gesehen, verfolgen. Doch sosehr er verändert war – es wurde ihm selten bewußt; er hielt sich für den Menschen, der er immer gewesen; ab und zu ging ihm die Wahrheit auf, doch nur für den Augenblick; und immer noch pflegte er zu sagen: „Ich werde bald zurückgehen!" – ohne zu bedenken, daß er dies seit zwanzig Jahren sagte.

Ich kann mir auch vorstellen, daß diese zwanzig Jahre Wakefield rückblickend kaum länger erschienen als die Woche, auf welche er seine Abwesenheit zuerst hatte begrenzen wollen; daß er die ganze Angelegenheit nur als ein Zwischenspiel in der eigentlichen Aufgabe seines Lebens betrachtete. Wenn er es nunmehr bald für angemessen halten sollte, sein Wohnzimmer wieder zu betreten, so würde, meinte er, seine Frau vor Freude in die Hände klatschen, wenn sie den ältlichen Herrn Wakefield erblickte. Aber ach, welch ein Irrtum! Als ob die Zeit nur auf das Ende unserer Lieblingstorheiten wartete! Dann würden wir alle bis zum Jüngsten Tage junge Leute bleiben!

Eines Abends im zwanzigsten Jahr seines Verschwindens macht Wakefield seinen gewohnten Spaziergang zu jenem Haus, das er noch immer sein eigen nennt. Es ist eine stürmische Herbstnacht, häufige Regenschauer prasseln auf das Pflaster und sind vorbei, ehe man seinen Regenschirm aufspannen kann. Als Wakefield in der Nähe des Hauses stehenbleibt, bemerkt er durch die Wohnzimmerfenster im ersten Stock die rote Glut, den Schimmer und das unregelmäßige Flackern eines behaglichen Feuers. Auf der Decke erscheint der groteske Schatten der gu-

grotesque shadow of good Mrs. Wakefield. The cap, the nose and chin, and the broad waist, form an admirable caricature, which dances, moreover, with the up-flickering and down-sinking blaze, almost too merrily for the shade of an elderly widow. At this instant a shower chances to fall, and is driven, by the unmannerly gust, full into Wakefield's face and bosom. He is quite penetrated with its autumnal chill. Shall he stand, wet and shivering here, when his own hearth has a good fire to warm him, and his own wife will run to fetch the gray coat and small-clothes, which, doubtless, she has kept carefully in the closet of their bed chamber? No! Wakefield is no such fool. He ascends the steps – heavily! – for twenty years have stiffened his legs since he came down – but he knows it not. Stay, Wakefield! Would you go to the sole home that is left you? Then step into your grave! The door opens. As he passes in, we have a parting glimpse of his visage, and recognize the crafty smile, which was the precursor of the little joke that he has ever since been playing off at his wife's expense. How unmercifully has he quizzed the poor woman! Well, a good night's rest to Wakefield!

This happy event – supposing it to be such – could only have occurred at an unpremeditated moment. We will not follow our friend across the threshold. He has left us much food for thought, a portion of which shall lend its wisdom to a moral, and be shaped into a figure. Amid the seeming confusion of our mysterious world, individuals are so nicely adjusted to a system, and systems to one another and to a whole, that, by stepping aside for a moment, a man exposes himself to a fearful risk of losing his place forever. Like Wakefield, he may become, as it were, the Outcast of the Universe.

ten Frau Wakefield – die Haube, die Nase, das Kinn, die kräftige Taille bilden eine prächtige Karikatur, die noch dazu beim Auf- und Abflackern des Feuers einen für den Schatten einer ältlichen Witwe beinahe zu lustigen Tanz aufführt. In diesem Augenblick prasselt zufällig ein Schauer nieder, den der unhöfliche Wind direkt gegen Wakefields Gesicht und Brust treibt; die herbstliche Kälte geht ihm durch und durch. Soll er naß und zitternd hier draußen stehenbleiben, wo doch sein eigener Herd ein gutes Feuer hat, um ihn zu wärmen, wo doch seine eigene Frau laufen wird, um den grauen Rock und die Hose herbeizuholen, die sie zweifellos sorgsam im Schrank ihres Schlafzimmers aufbewahrt hat? Nein! Ein solcher Narr ist Wakefield nicht! Er steigt die Treppen hinauf – schweren Schrittes, denn zwanzig Jahre haben seine Beine steif gemacht, seit er auf ihnen heruntergestiegen ist – aber er weiß es nicht. Bleib stehen, Wakefield! Willst du die einzige Heimat suchen, die dir noch geblieben ist? Dann steig in dein Grab! Die Tür öffnet sich, und als er hineingeht, erhaschen wir noch einen letzten Schimmer von seinem Gesicht, und erkennen das listige Lächeln wieder, das der Vorbote jener kleinen Posse war, die er seit damals auf Kosten seiner Frau gespielt hat. Wie unbarmherzig hat er das arme Weib zum Narren gehalten! Nun, schlafen Sie recht gut, Herr Wakefield!

Dieses glückliche Ereignis (vorausgesetzt, daß es wirklich glücklich war) hatte nur in einem unbedachten Augenblick stattfinden können. Wir wollen unserm Freund nicht über die Schwelle folgen. Er hat uns viel Stoff zum Nachdenken gegeben, und ein Teil davon soll uns seine Weisheit für eine „Moral" leihen und in eine Formel gefaßt werden. Inmitten der scheinbaren Verworrenheit unserer geheimnisvollen Welt sind die Individuen so genau in ein System und die Systeme aneinander und zu einem Ganzen gepaßt, daß ein Mensch, der auf einen Augenblick heraustritt, sich selbst der furchtbaren Gefahr aussetzt, seinen Platz für immer zu verlieren. Wie Wakefield wird er zu einem Ausgestoßenen des Universums.

Edgar Allan Poe: The Tell-Tale Heart

True! — nervous — very, very dreadfully nervous I had been and am; but why *will* you say that I am mad? The disease has sharpened my senses — not destroyed — not dulled them. Above all was the sense of hearing acute. I heard all things in the heaven and in the earth. I heard many things in hell. How, then, am I mad? Hearken! and observe how healthily — how calmly I can tell you the whole story.

It is impossible to say how first the idea entered my brain; but once conceived, it haunted me day and night. Object there was none. Passion there was none. I loved the old man. He had never wronged me. He had never given me insult. For his gold I had no desire. I think it was his eye! yes, it was this! He had the eye of a vulture — a pale blue eye, with a film over it. Whenever it fell upon me, my blood ran cold; and so by degrees — very gradually — I made up my mind to take the life of the old man, and thus rid myself of the eye forever.

Now this is the point. You fancy me mad. Madmen know nothing. But you should have seen *me*. You should have seen how wisely I proceeded — with what caution — with what foresight — with what dissimulation I went to work! I was never kinder to the old man than during the whole week before I killed him. And every night, about midnight, I turned the latch of his door and opened it — oh so gently! And then, when I had made an opening sufficient for my

Edgar Allan Poe: Das Herz, das nicht schweigen wollte

Zugegeben! Nervös, ganz entsetzlich nervös war ich und bin ich; aber warum wollen Sie behaupten, daß ich irrsinnig bin? Die Krankheit hatte meine Sinne geschärft – nicht zerstört, nicht abgestumpft. Vor allem mein Gehörsinn war sehr scharf. Ich hörte alle Dinge im Himmel und in der Erde. Ich hörte viele Dinge in der Hölle. Warum also sollte ich verrückt sein? Schenken Sie mir Gehör und beachten Sie, wie vernünftig – wie ruhig ich Ihnen die ganze Geschichte erzählen kann.

Es ist unmöglich, Ihnen zu sagen, wie mir der Gedanke zuerst in den Kopf kam; aber einmal entstanden, verfolgte er mich Tag und Nacht. Da war kein Zweck. Da war keine Leidenschaft. Ich liebte den alten Mann. Er hatte mir nie etwas zuleide getan. Er hatte mich nie beleidigt. Nach seinem Gold verlangte es mich nicht. Ich glaube, es war sein Auge! Ja, das war es! Er hatte das Auge eines Geiers – ein blaßblaues Auge mit einem trüben Schleier darüber. Wann immer es auf mich fiel, stockte mir das Blut, und so kam es, daß ich nach und nach, sehr allmählich, den Entschluß faßte, dem alten Mann das Leben zu nehmen, um mich auf immer von diesem Auge zu befreien.

Nun, worauf es ankommt ist dies: Sie halten mich für irre. Irre wissen nichts. Aber Sie hätten *mich* sehen sollen. Sie hätten sehen sollen, wie klug ich handelte – mit welcher Vorsicht – mit welchem Weitblick – mit welcher Verstellung ich ans Werk ging! Niemals war ich freundlicher zu dem alten Mann, als während der ganzen Woche, ehe ich ihn tötete. Und jeden Abend gegen Mitternacht drückte ich auf die Klinke seiner Tür und machte sie auf – oh, so leise! Und dann, wenn ich einen Spalt, breit genug für meinen Kopf, geöffnet hatte, schob ich eine abgedun-

head, I put in a dark lantern, all closed, closed, so that no light shone out, and then I thrust in my head. Oh, you would have laughed to see how cunningly I thrust it in! I moved it slowly – very, very slowly, so that I might not disturb the old man's sleep. It took me an hour to place my whole head within the opening so far that I could see him as he lay upon his bed. Ha! – would a madman have been so wise as this? And then, when my head was well in the room, I undid the lantern cautiously (for the hinges creaked) – I undid it just so much that a single thin ray fell upon the vulture eye. And this I did for seven long nights – every night just at midnight – but I found the eye always closed; and so it was impossible to do the work; for it was not the old man who vexed me, but his Evil Eye. And every morning, when the day broke, I went boldly into the chamber, and spoke courageously to him, calling him by name in a hearty tone, and inquiring how he had passed the night. So you see he would have been a very profound old man, indeed, to suspect that every night, just at twelve, I looked in upon him while he slept.

Upon the eighth night I was more than usually cautious in opening the door. A watch's minute hand moves more quickly than did mine. Never before that night, had I *felt* the extent of my own powers – of my sagacity. I could scarcely contain my feelings of triumph. To think that there I was, opening the door, little by little, and he not even to dream of my secret deeds or thoughts. I fairly chuckled at the idea; and perhaps he heard me; for he moved on the bed suddenly, as if startled. Now you may think that I drew back – but no. His room was as black as pitch with the thick darkness, (for the shutters were close fastened, through fear of robbers,) and so I knew that

kelte Laterne hinein, ganz geschlossen, geschlossen, daß kein Licht herausschien, und dann steckte ich den Kopf ins Zimmer. Oh, Sie hätten gelacht, wenn Sie gesehen hätten, wie vorsichtig ich ihn hineinsteckte! Ich bewegte ihn langsam – sehr, sehr langsam, um den Schlaf des alten Mannes nicht zu stören. Ich brauchte eine volle Stunde dazu, den ganzen Kopf so weit durch den Spalt zu schieben, daß ich ihn sehen konnte, wie er auf seinem Bett lag. Ha! Wäre wohl ein Irrer so klug gewesen? Und dann, wenn mein Kopf richtig im Zimmer war, öffnete ich die Laterne vorsichtig (denn die Scharniere knarrten) – und machte sie gerade so weit auf, daß ein einziger dünner Strahl auf das Geierauge fiel. Und dies tat ich sieben lange Nächte, jedesmal genau um Mitternacht; aber ich fand das Auge immer geschlossen, und so war es unmöglich, die Tat zu begehen; denn es war nicht der alte Mann, der mich aufbrachte, sondern sein „Böser Blick". Und jeden Morgen, wenn der Tag anbrach, ging ich dreist in sein Zimmer, sprach ohne Angst mit ihm, rief ihn mit herzlichem Ton beim Namen und fragte, wie er die Nacht verbracht habe. Sie sehen also – er hätte wirklich ein sehr scharfsinniger alter Mann sein müssen, um zu vermuten, daß ich jede Nacht genau um zwölf Uhr hereinsah und ihn betrachtete, während er schlief.

In der achten Nacht war ich beim Öffnen der Tür noch vorsichtiger als gewöhnlich. Der Minutenzeiger einer Taschenuhr bewegt sich schneller, als meine Hand es tat. Niemals vor dieser Nacht hatte ich das Ausmaß meiner eigenen Kräfte – meines Scharfsinns wirklich empfunden. Ich konnte mein Triumphgefühl kaum beherrschen. Zu denken, daß ich hier war, die Tür ganz allmählich öffnete, und er von meinen geheimen Taten oder Gedanken nicht einmal träumte! Ich kicherte förmlich bei der Vorstellung, und vielleicht hörte er mich; denn er bewegte sich plötzlich, wie erschrocken, auf seinem Bett. Nun mögen Sie denken, daß ich mich zurückzog – aber nein. Sein Zimmer war schwarz wie Pech in der dichten Dunkelheit (denn die Läden waren fest geschlossen, aus Furcht vor Räubern); so wußte ich,

he could not see the opening of the door, and I kept pushing it on steadily, steadily. I had my head in, and was about to open the lantern, when my thumb slipped upon the tin fastening, and the old man sprang up in bed, crying out – "Who's there?"

I kept quite still and said nothing. For a whole hour I did not move a muscle, and in the meantime I did not hear him lie down. He was still sitting up in the bed listening; – just as I have done, night after night, hearkening to the death watches in the wall.

Presently I heard a slight groan, and I knew it was the groan of mortal terror. It was not a groan of pain or grief – oh, no! – it was the low stifled sound that arises from the bottom of the soul when over-charged with awe. I knew the sound well. Many a night, just at midnight, when all the world slept, it had welled up from my own bosom, deepening with its dreadful echo the terrors that distracted me. I say I knew it well. I knew what the old man felt, and pitied him although I chuckled at heart. I knew that he had been awake ever since the first slight noise, when he had turned in the bed. His fears had been ever since growing upon him. He had been trying to fancy them causeless, but could not. He had been saying to himself – "It is nothing but the wind in the chimney – it is only a mouse crossing the floor," or "it is merely a cricket which has made a single chirp."

Yes, he had been trying to comfort himself with these suppositions: but he had found all in vain. *All in vain;* because Death, in approaching him had stalked with his black shadow before him, and enveloped the victim. And it was the mournful influence of the unperceived shadow that caused him to feel – although he neither saw nor heard – to *feel* the presence of my head within the room.

daß er den offenen Spalt in der Tür nicht sehen konnte, und ich drückte sie langsam und stetig immer weiter auf. Ich hatte den Kopf schon im Zimmer und wollte gerade die Laterne öffnen, als mein Daumen auf dem Blechverschluß ausrutschte, und der alte Mann im Bett hochfuhr und schrie: „Wer ist da?"

Ich blieb ganz still und sagte nichts. Eine ganze Stunde lang regte ich keinen Muskel, und ich hörte auch nichts davon, daß er sich wieder hinlegte. Er saß noch immer aufrecht im Bett und horchte – gerade so wie *ich* Nacht für Nacht dem Ticken des Totenwurms in der Wand gelauscht hatte.

Bald darauf vernahm ich ein leises Ächzen, und ich wußte, es war das Ächzen tödlicher Furcht. Es war kein Seufzer aus Schmerz oder Kummer – oh nein! – es war der leise erstickte Laut, der aus dem Grund der Seele aufsteigt, wenn sie übervoll von Entsetzen ist. Ich kannte den Laut gut. Viele Nächte, genau um Mitternacht, wenn alle Welt schlief, war er aus meiner eigenen Brust aufgestiegen, mit seinem fürchterlichen Echo die Schrecknisse vertiefend, die mich wahnsinnig machten. Ich sage, ich kannte den Laut gut. Ich wußte, was der alte Mann empfand und bemitleidete ihn, obwohl ich im Herzen frohlockte. Ich wußte, er war die ganze Zeit wach gewesen seit dem ersten leisen Geräusch, als er sich im Bett bewegt hatte. Seine Ängste waren seitdem ständig gewachsen. Er hatte versucht, sie für grundlos zu halten, aber es war ihm nicht gelungen. Er hatte sich selbst gesagt: „Es ist nichts als der Wind im Kamin – es ist nur eine Maus, die über den Boden läuft", oder: „Es ist bloß ein Heimchen, das ein einziges Mal gezirpt hat."

Ja, er hatte versucht, sich mit diesen Vermutungen zu trösten; doch er hatte gemerkt, daß alles vergebens war. *Alles vergebens;* weil der Tod, der sich ihm nahte, beim Heranschleichen seinen schwarzen Schatten vorausgeworfen, das Opfer eingehüllt hatte. Und die düstere Wirkung dieses ihm unsichtbaren Schattens war es, die ihn fühlen ließ – obwohl er weder etwas sah noch hörte – *fühlen* ließ, daß mein Kopf bereits in seinem Zimmer war.

When I had waited a long time, very patiently, without hearing him lie down, I resolved to open a little — a very, very little crevice in the lantern. So I opened it — you cannot imagine how stealthily, stealthily — until, at length a simple dim ray, like the thread of the spider, shot from out the crevice and fell full upon the vulture eye.

It was open — wide, wide open — and I grew furious as I gazed upon it. I saw it with perfect distinctness — all a dull blue, with a hideous veil over it that chilled the very marrow in my bones; but I could see nothing else of the old man's face or person: for I had directed the ray as if by instinct, precisely upon the damned spot.

And have I not told you that what you mistake for madness is but over acuteness of the senses? — now, I say, there came to my ears a low, dull, quick sound, such as a watch makes when enveloped in cotton. I knew *that* sound well, too. It was the beating of the old man's heart. It increased my fury, as the beating of a drum stimulates the soldier into courage.

But even yet I refrained and kept still. I scarcely breathed. I held the lantern motionless. I tried how steadily I could maintain the ray upon the eye. Meantime the hellish tattoo of the heart increased. It grew quicker and quicker, and louder and louder every instant. The old man's terror *must* have been extreme! It grew louder, I say, louder every moment! — do you mark me well?

I have told you that I am nervous: so I am. And now at the dead hour of the night, amid the dreadful silence of that old house, so strange a noise as this excited me to uncontrollable terror. Yet, for some minutes longer I refrained and stood still. But the beating grew louder, louder! I thought the

Als ich lange Zeit sehr geduldig gewartet hatte, ohne zu hören, daß er sich wieder niederlegte, beschloß ich, einen kleinen – einen sehr, sehr kleinen Spalt der Laterne zu öffnen. Und so öffnete ich sie – Sie können sich nicht vorstellen, *wie* verstohlen, verstohlen – bis endlich ein einziger matter Lichtstrahl wie ein Spinnenfaden aus dem Spalt schoß und voll auf das Geierauge fiel.

Es war offen – weit, weit offen – und ich wurde rasend, als ich darauf starrte. Ich sah es mit vollkommener Deutlichkeit – das Ganze ein mattes Blau mit einem schrecklichen Schleier darüber, der mir das Mark in den Knochen erstarren ließ; aber sonst konnte ich nichts vom Gesicht oder Körper des alten Mannes sehen: denn ich hatte den Strahl wie instinktiv genau auf diese verfluchte Stelle gerichtet.

Und habe ich Ihnen nicht erzählt, daß eben das, was Sie irrtümlich für Wahnsinn halten, nur eine Überschärfe der Sinne ist? Denn jetzt, sage ich Ihnen, drang ein leiser, dumpfer, rascher Laut an mein Ohr, wie von einer Uhr, die in Watte gewickelt ist. Auch *diesen* Laut kannte ich genau. Es war der Herzschlag des alten Mannes. Er steigerte meine Wut, wie der Trommelwirbel den Soldaten zur Tapferkeit anspornt.

Doch sogar jetzt beherrschte ich mich und blieb still. Ich atmete kaum. Ich hielt die Laterne regungslos. Ich versuchte, wie starr ich den Lichtstrahl weiter auf das Auge halten konnte. Inzwischen nahm der höllische Trommelwirbel des Herzens zu. Er wurde schneller und schneller, lauter und lauter, von Augenblick zu Augenblick. Das Entsetzen des alten Mannes muß übermäßig groß gewesen sein. Das Klopfen wurde lauter, jawohl, jede Sekunde lauter – verstehen Sie mich recht? Ich habe Ihnen berichtet, daß ich nervös bin: gewiß, das bin ich. Und jetzt, zu dieser toten Stunde der Nacht, mitten in dem schrecklichen Schweigen des alten Hauses, erregte mich ein so seltsames Geräusch wie dieses bis zum unbezähmbaren Entsetzen. Dennoch bezwang ich mich noch einige Minuten und blieb still stehen. Das Pochen aber wurde lauter, lauter! Ich dachte, das Herz

heart must burst. And now a new anxiety seized me — the sound would be heard by a neighbour! The old man's hour had come! With a loud yell, I threw open the lantern and leaped into the room. He shrieked once — once only. In an instant I dragged him to the floor, and pulled the heavy bed over him. I then smiled gaily, to find the deed so far done. But, for many minutes, the heart beat on with a muffled sound. This, however, did not vex me; it would not be heard through the wall. At length it ceased. The old man was dead. I removed the bed and examined the corpse. Yes, he was stone, stone dead. I placed my hand upon the heart und held it there many minutes. There was no pulsation. He was stone dead. His eye would trouble me no more.

If still you think me mad, you will think so no longer when I describe the wise precautions I took for the concealment of the body. The night waned, and I worked hastily, but in silence. First of all I dismembered the corpse. I cut off the head and the arms and the legs.

I then took up three planks from the flooring of the chamber, and deposited all between the scantlings. I then replaced the boards so cleverly, so cunningly, that no human eye — not even *his* — could have detected anything wrong. There was nothing to wash out — no stain of any kind — no blood-spot whatever. I had been too wary for that. A tub had caught all — ha! ha!

When I had made an end of these labors, it was four o'clock — still dark as midnight. As the bell sounded the hour, there came a knocking at the street door. I went down to open it with a light heart, — for what had I *now* to fear? There entered

müsse zerspringen. Und jetzt packte mich eine neue Angst: ein Nachbar könnte dieses Geräusch hören! Des alten Mannes Stunde war gekommen! Mit einem gellenden Schrei riß ich die Laterne auf und stürzte ins Zimmer. Er kreischte laut – einmal nur, einmal. In einer Sekunde hatte ich ihn auf den Fußboden gezerrt und zog das schwere Deckbett über ihn. Dann lächelte ich vergnügt, weil die Tat soweit vollbracht war. Aber noch viele Minuten schlug das Herz weiter, mit einem unterdrückten, dumpfen Ton. Doch dies erregte mich nicht; durch die Wand würde es nicht zu hören sein. Endlich war es vorbei. Der alte Mann war tot. Ich entfernte das Deckbett und untersuchte den Körper. Ja, er war tot wie ein Stein; ich legte meine Hand auf sein Herz und hielt sie dort viele Minuten. Kein Pochen mehr. Er war tot wie ein Stein. Sein Auge würde mich nicht mehr quälen.

Wenn Sie mich jetzt noch für irrsinnig halten, so werden Sie das nicht mehr denken, sobald ich Ihnen die klugen Vorsichtsmaßregeln schildere, die ich ergriff, um den Körper zu verbergen. Die Nacht ging zu Ende und ich arbeitete hastig, aber schweigend. Zuallererst zerstückelte ich die Leiche. Ich schnitt den Kopf und die Arme und Beine ab.

Dann nahm ich drei Dielen aus dem Fußboden und verwahrte alles zwischen den Balken. Dann legte ich die Dielen wieder so geschickt, so listig zurück, daß kein menschliches Auge – nicht einmal das *seine* – etwas Verdächtiges hätte entdecken können. Da gab es nichts, was wegzuwaschen gewesen wäre – keinen Fleck irgendwelcher Art – nicht den geringsten Blutspritzer. Dafür war ich zu schlau gewesen. Eine Wanne hatte alles aufgefangen – ha! ha!

Als ich diese Arbeiten beendet hatte, war es vier Uhr, noch dunkel wie um Mitternacht. Als die Glocke diese Stunde schlug, klopfte es an der Haustür. Ich ging hinunter, um sie leichten Herzens zu öffnen – denn was hatte ich *jetzt* zu fürchten? Drei Männer traten ein, die sich höchst verbindlich als Beamte der

three men, who introduced themselves, with perfect suavity, as officers of the police. A shriek had been heard by a neighbour during the night; suspicion of foul play had been aroused; information had been lodged at the police office, and they (the officers) had been deputed to search the premises.

I smiled, – for *what* had I to fear? I bade the gentlemen welcome. The shriek, I said, was my own in a dream. The old man, I mentioned, was absent in the country. I took my visitors all over the house. I bade them search – search *well*. I led them, at length, to *his* chamber. I showed them his treasures, secure, undisturbed. In the enthusiasm of my confidence, I brought chairs into the room, and desired them *here* to rest from their fatigues, while I myself, in the wild audacity of my perfect triumph, placed my own seat upon the very spot beneath which reposed the corpse of the victim.

The officers were satisfied. My *manner* had convinced them. I was singularly at ease. They sat, and while I answered cheerily, they chatted of familiar things. But, ere long, I felt myself getting pale and wished them gone. My head ached, and I fancied a ringing in my ears: but still they sat and still chatted. The ringing became more distinct: – it continued and became more distinct: I talked more freely to get rid of the feeling: but it continued and gained definiteness – until, at length, I found that the noise was *not* within my ears.

No doubt I now grew *very* pale; – but I talked more fluently, and with a heightened voice. Yet the sound increased – and what could I do? It was a *low, dull, quick sound – much such a sound as a watch makes when enveloped in cotton*. I gasped for breath – and yet the officers heard it not. I talked more

Polizei vorstellten. Ein Nachbar hatte während der Nacht einen Angstschrei gehört; man hatte Verdacht geschöpft, es könne etwas Übles vorgefallen sein;
man hatte beim Polizeirevier Anzeige erstattet, und sie (die Polizeibeamten) waren beauftragt worden, das Anwesen zu durchsuchen.

Ich lächelte – denn *was* hatte ich zu fürchten? Ich hieß die Herren willkommen. Der Angstschrei, sagte ich, sei mein eigener gewesen – in einem Traum. Der alte Mann, erwähnte ich nebenbei, sei abwesend, sei auf dem Land. Ich führte meine Besucher durch das ganze Haus. Ich bat sie, zu suchen – *gut* zu suchen. Ich führte sie endlich in *sein* Zimmer. Sicher und gelassen zeigte ich ihnen seine Schätze. Im Rausch meiner dreisten Zuversicht brachte ich Stühle ins Zimmer und bat sie, *hier* von ihrer ermüdenden Arbeit auszuruhen, während ich selbst in der wilden Kühnheit meines vollkommenen Triumphes meinen eigenen Stuhl genau auf den Platz stellte, unter dem die Leiche meines Opfers ruhte.

Die Beamten waren befriedigt. Mein *Verhalten* hatte sie überzeugt. Ich fühlte mich ungemein wohl. Sie saßen da, und während ich ihnen heiter antwortete, plauderten sie über alltägliche Dinge. Aber es dauerte nicht lange – da merkte ich, daß ich erbleichte, und ich wünschte, sie wären gegangen. Mein Kopf schmerzte mich, und ich glaubte, ein Sausen in meinen Ohren zu hören; aber immer noch saßen sie, schwatzten sie. Das Sausen wurde deutlicher – es hörte nicht auf und wurde deutlicher: Ich sprach dreister, um das Gefühl los zu werden; aber das Geräusch ging weiter und wurde immer deutlicher – bis ich endlich entdeckte, daß es *nicht in meinen Ohren* war.

Jetzt wurde ich ohne Zweifel *sehr* bleich – aber ich sprach noch geläufiger und mit erhobener Stimme. Dennoch schwoll der Ton an – und was konnte ich tun? Es war ein *leiser, dumpfer, schneller Ton, sehr ähnlich dem Geräusch, das eine in Watte gewickelte Uhr macht*. Ich rang nach Luft – und dennoch hörten die Beamten nichts. Ich sprach schneller – heftiger; aber der

quickly — more vehemently but the noise steadily increased. I arose and argued about trifles, in a high key and with violent gesticulations; but the noise steadily increased. Why *would* they not be gone? I paced the floor to and fro with heavy strides, as if excited to fury by the observations of the men — but the noise steadily increased. Oh God! what *could* I do? I foamed — I raved — I swore! I swung the chair upon which I had been sitting, and grated it upon the boards, but the noise arose over all and continually increased. It grew louder — louder — *louder!* And still the men chatted pleasantly, and smiled. Was it possible they heard not? Almighty God! — no, no! They heard! — they suspected! — they *knew!* — they were making a mockery of my horror! — this I thought, and this I think. But anything was better than this agony! Anything was more tolerable than this derision! I could bear those hypocritical smiles no longer! I felt that I must scream or die! and now — again! — hark! louder! louder! louder! *louder!*

"Villains!" I shrieked, "dissemble no more! I admit the deed! — tear up the planks! here, here! — it is the beating of his hideous heart!"

Lärm nahm beständig zu. Ich stand auf und behauptete mit hoher Stimme und leidenschaftlichen Gebärden nichtige Dinge; doch das Geräusch nahm ständig zu. *Warum* wollten sie nicht gehen? Ich lief mit schweren Schritten auf dem Fußboden hin und her, als hätten mich die Bemerkungen der Männer bis zur Wut gereizt – aber das Geräusch nahm ständig zu. Oh Gott – *was* konnte ich tun? Ich schäumte – ich raste – ich fluchte – ich hob den Stuhl an, auf dem ich gesessen hatte, und scharrte damit auf den Dielen – aber das Geräusch erhob sich über dies alles und nahm ständig zu.

Es wurde lauter – lauter – *lauter!* Und immer noch schwatzten die Männer behaglich und lächelten. War es möglich, daß sie nichts hörten? Allmächtiger Gott – nein, nein! Sie *hörten* es! – sie faßten Verdacht! – sie *wußten* es! – sie trieben Spott mit meinem Entsetzen! Das dachte ich damals, und das denke ich noch heute. Aber alles andere war besser als diese Seelenqual. Alles andere war leichter zu ertragen als dieser Hohn! Ich konnte ihr heuchlerisches Lächeln nicht mehr aushalten. Ich fühlte: jetzt mußte ich schreien oder sterben! Und dann – wieder – horch! lauter! lauter! *lauter!*

„Ihr Schurken!" schrie ich gellend, „verstellt euch nicht mehr! Ich gestehe die Tat – Reißt die Dielen auf! hier! hier! – Es ist das Pochen seines widerwärtigen Herzens!"

Herman Melville: The Fiddler

So my poem is damned, and immortal fame is not for me! I am nobody forever and ever. Intolerable fate! Snatching my hat, I dashed down the criticism, and rushed out into Broadway, where enthusiastic throngs were crowding to a circus in a side-street near by, very recently started, and famous for a capital clown.

Presently my old friend Standard rather boisterously accosted me, "Well met, Helmstone, my boy! Ah! what's the matter? Haven't been committing murder? Ain't flying justice? You look wild!"

"You have seen it, then?" said I, of course referring to the criticism.

"Oh yes; I was there at the morning performance. Great clown, I assure you. But here comes Hautboy. Hautboy – Helmstone."

Without having time or inclination to resent so mortifying a mistake, I was instantly soothed as I gazed on the face of the new acquaintance so unceremoniously introduced. His person was short and full, with a juvenile, animated cast to it. His complexion rurally ruddy; his eye sincere, cheery, and gray. His hair alone betrayed that he was not an overgrown boy. From his hair I set him down as forty or more.

"Come, Standard," he gleefully cried to my friend, "are you not going to the circus? The clown is inimitable, they say. Come; Mr. Helmstone, too – come both; and circus over, we'll take a nice stew and punch at Taylor's."

Herman Melville: Der Geiger

Mein Gedicht ist also verdammt worden, und mir blüht kein unsterblicher Ruhm! Ich bin ein Nichts – auf immer und ewig. Unerträgliches Geschick! Hastig ergriff ich meinen Hut, schleuderte die Kritik weg und stürzte hinaus auf den Broadway, wo sich eine begeisterte Menge zu einem Zirkus in einer nahegelegenen Seitenstraße drängte, der erst vor ganz kurzer Zeit eröffnet und wegen eines ausgezeichneten Clowns berühmt war.

Da begrüßte mich stürmisch mein alter Freund Standard: „Fein, daß ich dich treffe, Helmstone, alter Junge! Oh, was ist denn? Du hast doch keinen Mord begangen? Du fliehst doch nicht vor dem Arm der Gerechtigkeit? Du siehst ja ganz verstört aus!"

„Du hast ihn also gesehen?" sagte ich, natürlich auf den Artikel mit der Kritik anspielend.

„Aber ja! Ich war zur Vormittagsvorstellung da. Großartiger Clown, kann ich dir sagen. Aber hier kommt Hautboy. Hautboy – Helmstone."

Ich hatte weder Zeit noch Lust, einen so kränkenden Irrtum übelzunehmen, denn ich war sofort besänftigt, als ich in das Gesicht meines neuen Bekannten blickte, der mir so ohne Förmlichkeit vorgestellt worden war. Seine Gestalt war klein und untersetzt, hatte aber etwas Jugendliches, Lebhaftes. Sein Teint war ländlich gerötet; sein Auge aufrichtig, heiter und grau. Nur sein Haar verriet, daß er kein aufgeschossener Junge war. Nach seinem Haar schätzte ich ihn auf vierzig oder mehr.

„Komm, Standard!" rief er meinem Freund fröhlich zu, „gehst du nicht in den Zirkus? Der Clown ist unnachahmlich, sagt man. Komm nur! Sie auch, Herr Helmstone – kommen Sie beide; und wenn der Zirkus aus ist, gehen wir zu Taylor, zu einem leckeren Schmorfleisch mit Punsch!"

The sterling content, good humor, and extraordinary ruddy, sincere expression of this most singular new acquaintance acted upon me like magic. It seemed mere loyalty to human nature to accept an invitation from so unmistakably kind and honest a heart.

During the circus performance I kept my eye more on Hautboy than on the celebrated clown. Hautboy was the sight for me. Such genuine enjoyment as his struck me to the soul with a sense of the reality of the thing called happiness. The jokes of the clown he seemed to roll under his tongue as ripe magnum bonums. Now the foot, now the hand, was employed to attest his grateful applause. At any hit more than ordinary, he turned upon Standard and me to see if his rare pleasure was shared. In a man of forty I saw a boy of twelve; and this too without the slightest abatement of my respect. Because all was so honest and natural, every expression and attitude so graceful with genuine good-nature, that the marvelous juvenility of Hautboy assumed a sort of divine and immortal air, like that of some forever youthful god of Greece.

But much as I gazed upon Hautboy, and much as I admired his air, yet that desperate mood in which I had first rushed from the house had not so entirely departed as not to molest me with momentary returns. But from these relapses I would rouse myself, and swiftly glance round the broad amphitheatre of eagerly interested and all-applauding human faces. Hark! claps, thumps, deafening huzzas; the vast assembly seemed frantic with acclamation; and what, mused I, has caused all this? Why, the clown only comically grinned with one of his extra grins.

Then I repeated in my mind that sublime passage in my poem, in which Cleothemes the Argive vindi-

Die ungekünstelte Zufriedenheit, die gute Laune und der außergewöhnlich frische, aufrichtige Gesichtsausdruck dieses meines höchst eigenartigen neuen Bekannten wirkten auf mich wie ein Zauber. Es erschien geradezu als eine Pflicht gegen die menschliche Natur, eine Einladung anzunehmen, die aus einem so unmißverständlich guten und ehrlichen Herzen kam.

Während der Zirkusvorstellung weilte mein Blick mehr auf Hautboy als auf dem berühmten Clown. Hautboy war für mich die Sehenswürdigkeit. Ein so echtes Vergnügen wie das seine berührte meine Seele mit einer Ahnung von der Wirklichkeit jenes Gefühls, das wir Glück nennen. Er schien die Späße des Clowns auf der Zunge zergehen zu lassen wie reife Pflaumen. Bald waren seine Füße, bald seine Hände damit beschäftigt, seinen Beifall zu bezeigen. Bei jedem mehr als gewöhnlich treffenden Witz wandte er sich zu Standard und mir, um zu sehen, ob wir sein außerordentliches Vergnügen auch teilten. Ich sah hier in einem Mann von Vierzig einen Knaben von Zwölf, und auch das ohne das leiseste Nachlassen meiner Hochachtung, weil alles so ehrlich und natürlich war, jede Miene, jede Haltung so anmutig durch echte Gutmütigkeit, daß die erstaunliche Jugendlichkeit Hautboys etwas Göttliches und Unsterbliches annahm wie die eines ewig jungen griechischen Gottes.

Doch soviel ich auf Hautboy blickte, sosehr ich sein Verhalten bewunderte – die verzweifelte Stimmung, in der ich vorhin aus dem Haus gestürzt, war nicht so gänzlich geschwunden, daß sie mich nicht mit ihrer gelegentlichen Wiederkehr belästigt hätte. Ich riß mich jedoch aus diesen Rückfällen heraus und hielt schnell Umschau in dem großen Amphitheater voll eifrig teilnehmender und höchst befriedigter menschlicher Gesichter. Horch! Klatschen, Trampeln, ohrenbetäubende Hochrufe; die vielen Zuschauer schienen vor Begeisterung zu rasen; und was, überlegte ich, hatte den Anlaß dafür gegeben? Nun, der Clown hatte nur komisch gegrinst mit einer seiner Grimassen.

Dann wiederholte ich im Geiste die erhabene Stelle in meinem Gedicht, an der Kleothemes der Grieche den Krieg als ge-

cates the justice of the war. Aye, aye, thought I to myself, did I now leap into the ring there, and repeat that identical passage, nay, enact the whole tragic poem before them, would they applaud the poet as they applaud the clown? No! They would hoot me, and call me doting or mad. Then what does this prove? Your infatuation or their insensibility? Perhaps both; but indubitably the first. But why wail? Do you seek admiration from the admirers of a buffoon? Call to mind the saying of the Athenian, who, when the people vociferously applauded in the forum, asked his friend in an whisper, what foolish thing had he said?

Again my eye swept the circus, and fell on the ruddy radiance of the countenance of Hautboy. But its clear honest cheeriness disdained my disdain. My intolerant pride was rebuked. And yet Hautboy dreamed not what magic reproof to a soul like mine sat on his laughing brow. At the very instant I felt the dart of the censure, his eye twinkled, his hand waved, his voice was lifted in jubilant delight at another joke of the inexhaustible clown.

Circus over, we went to Taylor's. Among crowds of others, we sat down to our stews and punches at one of the small marble tables. Hautboy sat opposite to me. Though greatly subdued from its former hilarity, his face still shone with gladness. But added to this was a quality not so prominent before: a certain serene expression of leisurely, deep good sense. Good sense and good humor in him joined hands. As the conversation proceeded between the brisk Standard and him – for I said little or nothing – I was more and more struck with the excellent judgment he evinced. In most of his remarks upon a variety of topics Hautboy seemed intuitively to hit the exact

recht verteidigt. Oh, oh, dachte ich bei mir, wenn ich jetzt in den Ring dort springen und eben diese Stelle wiederholen, nein, ihnen die ganze tragische Dichtung vortragen würde – ob sie dann wohl dem Dichter denselben Beifall zollen würden wie dem Clown? Nein, sie würden mich niederschreien und mich idiotisch oder irrsinnig nennen. Also – was beweist das? Deine Verblendung oder ihren Stumpfsinn? Vielleicht beides; zweifellos aber das erste. Doch warum jammern? Suchst du Bewunderung bei den Bewunderern eines Clowns? Denke an das Wort des Atheners, der, wenn das Volk ihm auf dem Markt brüllend Beifall zollte, seinen Freund flüsternd fragte, was er soeben Törichtes gesagt habe.

Wieder überflog mein Auge den Zirkus und fiel auf das frische, strahlende Gesicht von Hautboy. Aber seine deutliche und ehrliche Heiterkeit spottete meiner Verachtung; mein unduldsamer Hochmut prallte ab. Und dennoch ließ es sich Hautboy nicht einmal träumen, welch ein geheimnisvoller Vorwurf für ein Herz wie das meine auf seinem lachenden Gesicht geschrieben stand. Im gleichen Augenblick, da ich den Pfeil der Kritik fühlte, blitzten seine Augen, winkte seine Hand, erhob sich seine Stimme in jubelndem Entzücken über einen neuen Spaß des unerschöpflichen Clowns.

Als der Zirkus aus war, gingen wir zu Taylor. Zwischen Scharen anderer Menschen setzten wir uns zu unserem Stew und Punsch an einen der kleinen Marmortische. Hautboy saß mir gegenüber. Obwohl seine vorherige Heiterkeit sehr gemildert war, strahlte sein Gesicht noch vor Freude. Doch dazu kam jetzt eine Eigenschaft, die vorher nicht so aufgefallen war: ein gewisser heiterer Ausdruck gelassenen, gesunden Menschenverstandes. Gesunder Menschenverstand und gesunder Humor reichten sich in ihm die Hand. Als die Unterhaltung zwischen dem lebhaften Standard und ihm weiterging – denn ich sagte wenig oder gar nichts – war ich mehr und mehr betroffen von dem ausgezeichneten Urteil, das er an den Tag legte. In den meisten seiner Bemerkungen über eine Reihe von Fragen schien Hautboy intuitiv

line between enthusiasm and apathy. It was plain that while Hautboy saw the world pretty much as it was, yet he did not theoretically espouse its bright side nor its dark side. Rejecting all solutions, he but acknowledged facts.

What was sad in the world he did not superficially gainsay; what was glad in it he did not cynically slur; and all which was to him personally enjoyable, he gratefully took to his heart. It was plain, then – so it seemed at that moment, at least – that his extraordinary cheerfulness did not arise either from deficiency of feeling or thought.

Suddenly remembering an engagement, he took up his hat, bowed pleasantly, and left us.

"Well, Helmstone," said Standard, inaudibly drumming on the slab, "what do you think of your new acquaintance?"

The two last words tingled with a peculiar and novel significance.

"New acquaintance indeed," echoed I. "Standard, I owe you a thousand thanks for introducing me to one of the most singular men I have ever seen. It needed the optical sight of such a man to believe in the possibility of his existence."

"You rather like him, then," said Standard with ironical dryness.

"I hugely love and admire him, Standard. I wish I were Hautboy."

"Ah? That's a pity, now. There's only one Hautboy in the world."

This last remark set me to pondering again, and somehow it revived my dark mood.

"His wonderful cheerfulness, I suppose," said I, sneering with spleen, "originates not less in a felicitous fortune than in a felicitous temper. His great good

die genaue Grenzlinie zwischen Begeisterung und Gleichgültigkeit zu treffen. Es war deutlich zu merken, daß Hautboy, während er die Welt ziemlich genauso sah wie sie war, dennoch in seinen Argumenten weder ihre helle noch ihre dunkle Seite verfocht. Indem er alle Lösungsversuche ablehnte, erkannte er nur die Tatsachen an. Was traurig war in der Welt, leugnete er nicht oberflächlich; er schmähte auch nicht zynisch das Frohe darin; und alles, was ihm persönlich erfreulich war, nahm er dankbar an sein Herz. Es war also klar erkennbar – so schien es wenigstens in jenem Augenblick –, daß seine ungewöhnliche Heiterkeit weder einem Mangel an Gefühl noch an Geist entsprang.

Plötzlich erinnerte er sich einer Verabredung, nahm seinen Hut, verbeugte sich liebenswürdig und verließ uns.

„Nun, Helmstone", sagte Standard, unhörbar auf der Marmorplatte trommelnd, „was denkst du von deiner neuen Bekanntschaft?"

In den beiden letzten Worten klang eine eigentümliche und neuartige Bedeutsamkeit.

„Eine neue Bekanntschaft ist es freilich", wiederholte ich. „Standard, ich schulde dir tausend Dank dafür, daß du mich mit einem der ungewöhnlichsten Menschen bekanntgemacht hast, die ich jemals gesehen habe. Ich mußte einen solchen Mann mit Augen sehen, um an die Möglichkeit seiner Existenz zu glauben."

„Du magst ihn also recht gern?" sagte Standard mit ironischer Trockenheit.

„Ich mag ihn ungemein gern, ich bewundere ihn, Standard. Ich wünschte, ich wäre Hautboy."

„So? Nun, wie schade. Es gibt nur einen Hautboy auf der Welt."

Diese letzte Bemerkung machte mich wieder nachdenklich, und irgendwie belebte sie meine düstere Stimmung.

„Seine wundervolle Heiterkeit entspringt vermutlich", sagte ich, vor Bosheit grinsend, „nicht weniger einem glücklichen Los als einem glücklichen Naturell. Sein klarer Verstand ist offen-

sense is apparent; but great good sense may exist without sublime endowments. Nay, I take it, in certain cases, that good sense is simply owing to the absence of those. Much more, cheerfulness. Unpossessed of genius, Hautboy is eternally blessed."

"Ah? You would not think him an extraordinary genius, then?"

"Genius? What! such a short, fat fellow a genius! Genius, like Cassius, is lank."

"Ah? But could you not fancy that Hautboy might formerly have had genius, but luckily getting rid of it, at last fatted up?"

"For a genius to get rid of his genius is as impossible as for a man in a galloping consumption to get rid of that."

"Ah? You speak very decidedly."

"Yes, Standard," cried I, increasing in spleen, "your cheery Hautboy, after all, is no pattern, no lesson for you and me. With average abilities, opinions clear, because circumscribed; passions docile, because they are feeble; a temper hilarious, because he was born to it – how can your Hautboy be made a reasonable example to a heady fellow like you or an ambitious dreamer like me? Nothing tempts him beyond common limit; in himself he has nothing to restrain. By constitution he is exempted from all moral harm. Could ambition but prick him; had he but once heard applause, or endured contempt, a very different man would your Hautboy be. Acquiescent and calm from the cradle to the grave, he obviously slides through the crowd."

"Ah?"

"Why do you say *Ah* to me so strangely whenever I speak?"

"Did you ever hear of Master Betty?"

sichtlich; aber gesunder Menschenverstand kann ohne erhabene Talente vorhanden sein. Nein, ich glaube, in gewissen Fällen ist diese Art Verstand einfach dem Fehlen solcher Talente zuzuschreiben. Und noch vielmehr die Heiterkeit. Da er nicht vom Genius besessen ist, muß man Hautboy selig preisen!"

„Ah? Du würdest ihn also nicht für ein außergewöhnliches Genie halten?"

„Genie? Wie! So ein kleiner, dicker Bursche ein Genie! Genies sind, wie Cassius, hager."

„Ach? Aber kannst du dir nicht vorstellen, daß Hautboy vielleicht früher Genie gehabt hat, es jedoch glücklicherweise losgeworden ist und schließlich Speck angesetzt hat?"

„Für ein Genie ist es ebenso unmöglich, sein Genie loszuwerden, wie für einen Mann mit galoppierender Schwindsucht, sich dieser zu entledigen."

„Ach wirklich? Du sprichst sehr bestimmt!"

„Ja, Standard", rief ich, immer mehr in Wut geratend, „dein vergnügter Hautboy ist schließlich kein Beispiel für dich und mich. Mit mittelmäßigen Fähigkeiten, klaren weil beschränkten Ansichten, lenkbaren weil schwachen Leidenschaften, einem heiteren Temperament, weil er damit geboren ist — wie kann dein Hautboy ein annehmbares Beispiel sein für einen ungestümen Burschen wie dich oder einen ehrgeizigen Träumer wie mich? Nichts jenseits der üblichen Grenze führt ihn in Versuchung; nichts liegt in ihm, was er zurückhalten müßte. Durch seine Veranlagung ist er vor jedem moralischen Schaden verschont. Könnte ihn nur der Ehrgeiz anstacheln, hätte er nur einmal einen Beifallssturm gehört oder Verachtung erdulden müssen — dann würde dein Hautboy ein ganz anderer Mann sein! Geduldig und ruhig von der Wiege bis zum Grabe dagegen wird er — das ist einleuchtend — glatt durch das Gedränge kommen."

„Ach — meinst du?"

„Warum sagst du immer so merkwürdig ‚Ach', wenn ich spreche?"

„Hast du jemals etwas von Master Betty gehört?"

"The great English prodigy, who long ago ousted the Siddons and the Kembles from Drury Lane, and made the whole town run mad with acclamation?"

"The same," said Standard, once more inaudibly drumming on the slab.

I looked at him perplexed. He seemed to be holding the master-key of our theme in mysterious reserve; seemed to be throwing out his Master Betty, too, to puzzle me only the more.

"What under heaven can Master Betty, the great genius and prodigy, an English boy twelve years old, have to do with the poor commonplace plodder, Hautboy, an American of forty?"

"Oh, nothing in the least. I don't imagine that they ever saw each other. Besides, Master Betty must be dead and buried long ere this."

"Then why cross the ocean, and rifle the grave to drag his remains into this living discussion?"

"Absent-mindedness, I suppose. I humbly beg pardon. Proceed with your observations on Hautboy. You think he never had genius, quite too contented, and happy and fat for that – ah? You think him no pattern for men in general? affording no lesson of value to neglected merit, genius ignored, or impotent presumption rebuked? – all of which three amount to much the same thing. You admire his cheerfulness, while scorning his commonplace soul. Poor Hautboy, how sad that your very cheerfulness should, by a by-blow, bring you despite!"

"I don't say I scorn him; you are unjust. I simply declare that he is no pattern for me."

A sudden noise at my side attracted my ear. Turning, I saw Hautboy again, who very blithely reseated himself on the chair he had left.

"I was behind time with my engagement," said

„Von dem großen englischen Wunderkind, das vor langer Zeit die Siddons und Kembles vom Drury Lane außer Kurs gesetzt und die ganze Stadt verrückt gemacht hat vor Begeisterung?"

„Von eben diesem", sagte Standard, wieder unhörbar auf der Marmorplatte trommelnd.

Ich sah ihn verblüfft an. Er schien den Schlüssel zu unserm Gespräch geheimnisvoll zurückzuhalten; schien mir seinen Master Betty hinzuwerfen, um mich nur noch mehr zu verwirren.

„Was in aller Welt kann Master Betty, das große Genie und Wunderkind, ein englischer Knabe von zwölf Jahren, mit diesem armen alltäglichen Arbeitssklaven Hautboy zu tun haben – einem Amerikaner von vierzig?"

„Oh, nicht das mindeste. Ich glaube nicht, daß sie sich jemals gesehen haben. Außerdem muß Master Betty längst tot und begraben sein."

„Warum also den Ozean überqueren und sein Grab berauben, um seine Überreste in diese lebendige Diskussion zu ziehen?"

„Ich war geistesabwesend, vermutlich. Ich bitte vielmals um Entschuldigung. Fahre nur fort mit deinen Bemerkungen über Herrn Hautboy. Du meinst, er hat niemals Genie besessen und ist dafür allzu zufrieden, glücklich und beleibt? Ja? Du denkst, er ist kein Beispiel für die Allgemeinheit? Er bietet kein lehrreiches Exempel von hintangesetztem Verdienst, übersehenem Genie oder ohnmächtiger, verschmähter Vermessenheit? Diese drei Dinge laufen ja so ziemlich auf dasselbe hinaus. Du bewunderst seine Fröhlichkeit, während du seine alltägliche Seele verachtest. Armer Hautboy, wie traurig, daß gerade deine Heiterkeit dir als Nebenwirkung Verachtung einträgt!"

„Ich sage gar nicht, daß ich ihn verachte; du bist ungerecht. Ich erkläre ganz einfach, daß er kein Beispiel für mich ist."

Ein plötzliches Geräusch an meiner Seite ließ mich aufhorchen. Ich wandte mich um und sah wiederum Hautboy, der sich sehr vergnügt auf den Stuhl setzte, den er verlassen hatte.

„Ich bin zu meiner Verabredung zu spät gekommen", sagte

Hautboy, "so I thought I would run back and rejoin you. But come, you have sat long enough here. Let us go to my rooms. It is only a five minutes' walk."

"If you will promise to fiddle for us, we will," said Standard.

Fiddle! thought I – he's a jiggumbob *fiddler*, then? No wonder genius declines to measure its pace to a fiddler's bow. My spleen was very strong on me now.

"I will gladly fiddle you your fill," replied Hautboy to Standard. "Come on."

In a few minutes we found ourselves in the fifth story of a sort of storehouse, in a lateral street to Broadway. The room was curiously furnished with all sorts of old furniture which seemed to have been obtained, piece by piece, at auctions of old-fashioned household stuff. But all was charmingly clean and cozy.

Pressed by Standard, Hautboy forthwith got out his dented old fiddle and, sitting down on a tall rickety stool, played away right merrily at "Yankee Doodle" and other off-handed, dashing and disdainfully care-free airs. But common as were the tunes, I was transfixed by something miraculously superior in the style. Sitting there on the old stool, his rusty hat sideways cocked on his head, one foot dangling adrift, he plied the bow of an enchanter. All my moody discontent, every vestige of peevishness, fled. My whole splenetic soul capitulated to the magical fiddle.

"Something of an Orpheus, ah?" said Standard, archly nudging me beneath the left rib.

"And I, the charmed Bruin," murmured I.

The fiddle ceased. Once more, with redoubled curiosity, I gazed upon the easy, indifferent Hautboy. But he entirely baffled inquisition.

Hautboy, „und da dachte ich, ich könnte rasch zurücklaufen und mich wieder zu Ihnen gesellen. Aber kommen Sie – Sie haben lange genug hier gesessen. Lassen Sie uns in meine Wohnung gehen. Es ist nur fünf Minuten zu Fuß."

„Wenn Sie versprechen, uns etwas auf der Geige vorzuspielen, kommen wir", sagte Standard.

Geige! dachte ich – er ist also ein Tausendkünstler auf der Geige? Kein Wunder, daß der Genius sich weigert, seinen Schritt einem Fiedelbogen anzupassen. Jetzt übermannte mich meine schlechte Laune beinahe.

„Ich will Ihnen gerne vorgeigen, so lange Sie nur wollen", erwiderte ihm Hautboy. „Kommen Sie."

In wenigen Minuten befanden wir uns im fünften Stockwerk eines Gebäudes, das eine Art Lagerhaus zu sein schien, in einer Seitenstraße des Broadway. Der Raum war eigentümlich möbliert mit allen Arten sonderbarer Möbel, die anscheinend Stück für Stück bei Auktionen von altmodischem Hausgerät gekauft waren. Aber alles war reizend gepflegt und behaglich.

Von Standard gedrängt, holte Hautboy sogleich seine abgestoßene alte Geige, setzte sich auf einen hohen gebrechlichen Hocker und spielte frischweg den „Yankee Doodle" und andere leichte, flotte und sorglose Weisen. Doch so anspruchslos diese Liedchen auch waren – ich war starr vor Staunen über etwas wunderbar Überlegenes in seinem Stil. Wie er dort auf dem alten Stuhl saß, den verschossenen Hut schief auf dem Kopf, einen Fuß frei herabhängend, führte er den Bogen eines Hexenmeisters. All meine übellaunige Mißstimmung, jeder Rest von Verdrießlichkeit war wie weggeblasen. Meine ganze hypochondrische Seele ergab sich dem Zauber seiner Geige.

„Erinnert an Orpheus, wie?" sagte Standard und gab mir einen scherzenden Rippenstoß.

„Und ich an das verzauberte Untier", murmelte ich.

Die Geige verstummte. Wieder, und mit verdoppelter Neugier, betrachtete ich den zufriedenen, gleichmütigen Hautboy. Aber alles Nachforschen prallte an ihm ab.

When, leaving him, Standard and I were in the street once more, I earnestly conjured him to tell me who, in sober truth, this marvellous Hautboy was.

"Why, haven't you seen him? And didn't you yourself lay his whole anatomy open on the marble slab at Taylor's? What more can you possibly learn? Doubtless your own masterly insight has already put you in possession of all."

"You mock me, Standard. There is some mystery here. Tell me, I entreat you, who is Hautboy?"

"An extraordinary genius, Helmstone," said Standard, with sudden ardor, "who in boyhood drained the whole flagon of glory; whose going from city to city was a going from triumph to triumph. One who has been an object of wonder to the wisest, been caressed by the loveliest, received the open homage of thousands on thousands of the rabble. But to-day he walks Broadway and no man knows him. With you and me, the elbow of the hurrying clerk, and the pole of the remorseless omnibus, shove him. He who has a hundred times been crowned with laurels, now wears, as you see, a bunged beaver. Once fortune poured showers of gold into his lap, as showers of laurel leaves upon his brow. To-day from house to house he hies, teaching fiddling for a living. Crammed once with fame, he is now hilarious without it. *With* genius and *without* fame, he is happier than a king. More a prodigy now than ever."

"His true name?"

"Let me whisper it in your ear."

"What! Oh, Standard, myself, as a child, have shouted myself hoarse applauding that very name in the theatre."

"I have heard your poem was not very handsomely received," said Standard, now suddenly shifting the subject.

Als Standard und ich, nachdem wir ihn verlassen hatten, wieder auf der Straße waren, beschwor ich ihn ernstlich, mir die nüchterne Wahrheit zu sagen, wer dieser wunderbare Hautboy eigentlich sei.

„Nun, hast du ihn nicht gesehen? Und hast du ihn nicht selbst auf dem Marmortisch bei Taylor in seine Bestandteile zerlegt? Was könnte ich dir noch Neues sagen? Zweifellos hat dir doch deine meisterhafte Menschenkenntnis bereits alles verraten."

„Du verspottest mich, Standard. Hier liegt ein Geheimnis verborgen. Sag mir, ich bitte dich, wer ist dieser Hautboy?"

„Ein außerordentliches Genie, Helmstone", sagte Standard mit plötzlicher Leidenschaft, „der als Knabe den ganzen Becher des Ruhmes geleert hat; dessen Weg von Stadt zu Stadt ein Weg von Triumph zu Triumph war. Einer, der für die Weisen ein Gegenstand des Staunens war, der von den Schönsten liebkost wurde, dem der Pöbel zu Tausenden und Tausenden huldigte. Aber heute geht er den Broadway entlang und kein Mensch kennt ihn. Der Ellbogen des eiligen Schreiberlings, die Deichsel der rücksichtslosen Pferdebahn schiebt ihn zur Seite wie dich und mich. Er, der hundertmal mit Lorbeer gekrönt wurde, trägt jetzt, wie du siehst, einen verbeulten Kastorhut.

Einst schüttete ihm das Glück eine Fülle von Gold in den Schoß und eine Fülle von Lorbeerblättern auf die Stirn. Heute eilt er von Haus zu Haus und gibt Geigenstunden ums liebe Brot. Einst mit Ruhm überladen, ist er heute auch ohne Ruhm fröhlich. *Mit* Genie und *ohne* Ruhm ist er glücklicher als ein König. Heute ein größeres Wunder, als er jemals gewesen ist."

„Sein richtiger Name?"

„Ich will ihn dir ins Ohr flüstern."

„Was! Oh, Standard, ich selbst habe mich doch schon als Kind heiser geschrien, wenn ich diesem Namen im Theater zujubelte."

„Ich habe gehört, daß dein Gedicht keine günstige Aufnahme fand", sagte Standard, nun plötzlich das Thema wechselnd.

"Not a word of that, for Heaven's sake!" cried I. "If Cicero, travelling in the East, found sympathetic solace for his grief in beholding the arid overthrow of a once gorgeous city, shall not my petty affair be as nothing, when I behold in Hautboy the vine and the rose climbing the shattered shafts of his tumbled temple of Fame?"

Next day I tore all my manuscripts, bought me a fiddle, and went to take regular lessons of Hautboy.

„Kein Wort darüber, um Himmels willen!" rief ich. „Wenn Cicero, auf einer Reise in den Orient, angesichts der wüsten Ruinen einer vormals prächtigen Stadt heilsamen Trost für seinen Gram fand – sollen dann nicht meine kleinlichen Sorgen ein Nichts sein, wenn ich an Hautboy sehe, wie Rebe und Rose die zerfallenen Pfeiler seines eingestürzten Ruhmestempels umranken?"

Am nächsten Tag zerriß ich alle meine Manuskripte, kaufte mir eine Geige und begann, bei Hautboy regelmäßigen Unterricht zu nehmen.

Mark Twain: A Table-Talk

The 7.30 table d'hôte at the great *Schweitzerhof* furnished a mighty array and variety of nationalities, but it offered a better opportunity to observe costumes than people, for the multitude sat at immensely long tables, and therefore the faces were mainly seen in perspective; but the breakfeasts were served at small round tables, and then if one had the fortune to get a table in the midst of the assemblage he could have as many faces study as he could desire.

We used to try to guess out the nationalities, and generally succeeded tolerably well. Sometimes we tried to guess people's names; but that was a failure; that is a thing which probably requires a good deal of practice. We presently dropped it and gave our efforts to less difficult particulars. One morning I said: "There is an American party."

Harris said: "Yes, – but name the State."

I named one State, Harris named another. We agreed upon one thing however, – that the young girl with the party was very beautiful, and very tastefully dressed. But we disagreed as to her age. I said she was eighteen. Harris said she was twenty.

The dispute between us waxed warm, and I finally said, with a pretence of being in earnest: "Well, there is one way to settle matter, – I will go and ask her."

Harris said, sarcastically, "Certainly, that's the thing to do. All you need to do is to use the common formula over here: go and say, 'I'm an American!' Of course she will be glad to see you." Then he hinted

Mark Twain: Ein Tischgespräch

Abends um 7 Uhr 30 sah man an der Table d'hôte des großen Hotels „Schweizerhof" eine ansehnliche Reihe verschiedener Nationalitäten, aber sie bot mehr Gelegenheit, Kleider zu beobachten als Leute, denn die Menge saß an ungeheuer langen Tischen, und daher waren die Gesichter vorwiegend im Profil zu sehen. Das Frühstück dagegen wurde an kleinen runden Tischen serviert, und wenn man dann das Glück hatte, einen Tisch in der Mitte der ganzen Gesellschaft zu bekommen, so konnte man so viele Gesichter studieren, wie man nur wünschte.

Wir versuchten gerne, die Gäste nach ihrer Nationalität einzustufen, und meist gelang es uns leidlich gut. Manchmal bemühten wir uns, die Namen der Leute zu erraten; aber das war ein Fehlschlag – so etwas erfordert vermutlich ziemlich viel Übung. Wir ließen es bald wieder und widmeten unsere Aufmerksamkeit weniger schwierigen Einzelheiten. Eines Morgens sagte ich: „Das ist eine amerikanische Gesellschaft."

Harris sagte: „Ja – aber nenne mir den Staat!"

Ich nannte einen Staat, Harris einen andern. In einer Hinsicht stimmten wir jedoch überein – daß das junge Mädchen bei der Gesellschaft sehr schön und sehr geschmackvoll angezogen war. Aber unsere Ansichten über ihr Alter waren geteilt. Ich sagte, sie sei achtzehn, Harris sagte, sie sei zwanzig.

Unsere Meinungsverschiedenheit wurde hitziger, und endlich sagte ich mit geheucheltem Ernst: „Gut, es gibt *einen* Weg, die Sache zu klären – ich werde hingehen und sie fragen."

Spöttisch sagte Harris: „Sicher, das ist goldrichtig. Du brauchst ja nichts weiter zu tun als die landesübliche Formel zu gebrauchen; du gehst hin und sagst: ‚Ich bin Amerikaner'. Natürlich wird sie entzückt sein, dich kennenzulernen." Dann deu-

that perhaps there was no great danger of my venturing to speak to her.

I said, "I was only talking, – I didn't intend to approach her, but I see that you do not know what an intrepid person I am. I am not afraid of any woman that walks. I will go and speak to this young girl."

The thing I had in my mind was not difficult. I meant to address her in the most respectful way and ask her to pardon me if her strong resemblance to a former acquaintance of mine was deceiving me; and when she should reply that the name I mentioned was not the name she bore, I meant to beg pardon again, most respectfully, and retire. There would be no harm done.

I walked to her table, bowed to the gentleman, then turned to her and was about to begin my little speech when she exclaimed: "I *knew* I wasn't mistaken, – I told John it was you! John said it probably wasn't, but I knew I was right. I said you wold recognize me presently and come over; and I'm glad you did, for I shouldn't have felt much flattered if you had gone out of this room without recognizing me. Sit down, sit down, – how odd it is, – you are the last person I was ever expecting to see again."

This was a stupefying surprise. It took my wits clear away, for an instant. However, we shook hands cordially all around, and I sat down. But truly this was the tightest place I ever was in. I seemed to vaguely remember the girl's face, now, but I had no idea where I had seen it before, or what name belonged with it. I immediately tried to get up a diversion about Swiss scenery, to keep her from launching into topics that might betray that I did not know her, but it was of no use, she went right along upon matters which interested her more:

tete er an, daß ich es wohl kaum wagen würde, sie anzureden.

Ich antwortete: „Ich meinte es nur im Spaß – ich hatte gar nicht die Absicht, sie anzusprechen, aber ich sehe, du weißt überhaupt nicht, wie beherzt ich bin. Ich fürchte mich vor keiner Frau der Welt. Ich geh hin und rede mit dem jungen Mädchen."

Das, was ich im Sinn hatte, war nicht schwierig. Ich beabsichtigte, sie höchst ehrerbietig anzureden und um Verzeihung zu bitten, falls ihre starke Ähnlichkeit mit einer früheren Bekanntschaft mich täuschen sollte; erwiderte sie dann, der Name, den ich erwähnte, sei nicht der ihre, so wollte ich mich nochmals entschuldigen und sehr höflich zurückziehen. Das würde keine Unannehmlichkeiten geben.

Ich ging also zu ihrem Tisch, verbeugte mich vor dem Herrn, wandte mich dann an sie und wollte gerade mit meiner kleinen Rede loslegen, als sie ausrief: „Ich *wußte* doch, daß ich mich nicht irrte – ich sagte John, Sie *wären* es! John meinte, wahrscheinlich wären Sie es nicht, aber ich wußte, ich hatte recht! Ich sagte, Sie würden mich sofort erkennen und herüberkommen; und ich bin bloß froh, daß Sie es taten, denn ich hätte mich nicht gerade geschmeichelt gefühlt, wenn Sie dieses Zimmer verlassen hätten, ohne mich wiederzuerkennen. Nehmen Sie Platz, nehmen Sie Platz – es ist *zu* merkwürdig – Sie waren der letzte, den ich jemals wiederzusehen erwartete."

Das war eine geradezu betäubende Überraschung. Einen Augenblick war ich wie vor den Kopf gestoßen. Doch es gab ein allgemeines herzliches Händeschütteln, und ich setzte mich. Aber wirklich – es war die schlimmste Klemme, in der ich je gewesen war. Jetzt war mir, als erinnerte ich mich unklar an das Gesicht des Mädchens, aber ich hatte keine Ahnung, wo ich sie bereits gesehen hatte oder welchen Namen sie trug. Ich versuchte es sofort mit einer Ablenkung auf die Schweizer Landschaft, um sie von Themen abzuhalten, die ihr verrieten, daß ich sie nicht kannte – aber es nützte mir nichts, sie steuerte direkt auf Dinge los, die sie mehr interessierten:

"Oh dear, what a night that was, when the sea washed the forward boats away, — do you remember it?"

"Oh, *don't* I!" said I, — but I didn't. I wished the sea had washed the rudder and the smokestack and the captain away, — then I could have located this questioner.

"And don't you remember how frightened poor Mary was, and how she cried?"

"Indeed I do!" said I, "Dear me, how it all comes back!"

I fervently wished it *would* come back, — but my memory was a blank. The wise way would have been to frankly own up; but I could not bring myself to do that, after the young girl had praised me so for recognizing her; so I went on, deeper and deeper into the mire, hoping for a chance clue but never getting one.

The Unrecognizable continued, with vivacity: "Do you know, George married Mary, after all?"

"Why, no! Did he?"

"Indeed he did. He said he did not believe she was half as much to blame as her father was, and I thought he was right. Didn't you?"

"Of course he was. It was a perfectly plain case. I always said so."

"Why, no you didn't! — at least that summer."

"Oh, no, not that summer. No, you are perfectly right about that. It was the following winter that I said it."

"Well, as it turned out, Mary was not in the least to blame, — it was all her father's fault, — at least his and old Darley's."

It was necessary to say something, — so I said: "I always regarded Darley as a troublesome old thing."

„Lieber Himmel, was für eine Nacht war das, als die See die vorderen Boote wegspülte – erinnern Sie sich?"

„Oh! Und *ob* ich mich erinnere!" sagte ich – aber ich erinnerte mich nicht. Ich wünschte bloß, die See hätte das Steuer und den Schornstein und den Kapitän weggespült – dann hätte ich die Fragerin irgendwo unterbringen können.

„Und wissen Sie noch, wie erschrocken die arme Mary war, und wie sie weinte?"

„Natürlich weiß ich's noch!" sagte ich. „Meine Güte, wie lebendig das alles wieder wird!"

Ich wünschte inbrünstig, *daß* es wieder lebendig würde – aber mein Gedächtnis war ein leeres Blatt. Das Vernünftigste wäre gewesen, ein freimütiges Geständnis abzulegen; aber dazu konnte ich mich nicht überwinden, nachdem das junge Mädchen mich so gelobt hatte, weil ich sie wiedererkannte; also fuhr ich fort und verrannte mich immer mehr in der Hoffnung auf eine zufällige Erleuchtung, die freilich nicht kam.

Die Unbekannte fragte lebhaft weiter: „Wissen Sie überhaupt, daß George nun endlich Mary geheiratet hat?"

„Nein – wirklich? Geheiratet?"

„Freilich, geheiratet. Er sagte, sie hätte nach seiner Ansicht nicht halb soviel Schuld wie ihr Vater, und ich fand, er hatte recht. Meinen Sie nicht auch?"

„Natürlich hatte er recht. Es war ein ganz klarer Fall. Das habe ich immer gesagt."

„Aber nein – das haben Sie *nicht!* Wenigstens damals im Sommer nicht!"

„Oh nein, nein! Nicht damals im Sommer. Damit haben Sie vollkommen recht. Im Winter darauf habe ich es erst gesagt."

„Nun, es hat sich herausgestellt, daß man Mary nicht den leisesten Vorwurf machen konnte. Ihr Vater war an allem schuld. Oder jedenfalls ihr Vater und der alte Darley zusammen."

Es war notwendig, daß ich etwas erwiderte – also sagte ich: „Ich habe Darley immer für ein altes Ekel gehalten."

"So he was, but then they always had a great affection for him, although he had so many eccentricities. You remember that when the weather was the least cold, he would try to come into the house."

I was rather afraid to proceed. Evidently Darley was not a man, he must be some other kind of animal, — possibly a dog, maybe an elephant. However, tails are common to all animals, so I ventured to say: "And what a *tail* he had!"

"One! He had a thousand!"

This was bewildering. I did not quite know what to say, so I only said: "Yes, he was rather well fixed in the matter of *tails*."

"For a negro, and a crazy one at that, I should say he was," said she.

It was getting pretty sultry for me. I said to myself, "Is it possible she is going to stop there, and wait for me to speak? If she does, the conversation is blocked. A negro with a thousand *tails* is a topic which a person cannot talk upon fluently and instructively without more or less preparation. As to diving rashly into such a vast subject, —"

But here, to my gratitude, she interrupted my thoughts by saying: "Yes, when it came to *tales* of his crazy woes, there was simply no end to them if anybody would listen. His own quarters were comfortable enough, but if the weather was cold, the family were sure to have his company, — nothing could keep him out of the house. But they always bore it kindly because he had saved Tom's life, years before. You remember Tom?"

"Oh, perfectly. Fine fellow he was, too."

"Yes he was. And what a pretty little thing his child was!"

"You may well say that. I never saw a prettier child."

„Das war er auch – aber sie haben doch immer sehr an ihm gehangen, obwohl er so viele unmögliche Eigenschaften hatte! Sie erinnern sich sicher, daß er immer versuchte, ins Haus zu kommen, wenn es auch nur eine Spur kalt war."

Ich hatte ziemliche Angst, weiterzusprechen. Offenbar war Darley kein Mensch, sondern eine andere Sorte von Lebewesen – möglicherweise ein Hund, vielleicht ein Elefant. Nun, Schwänze haben schließlich alle Tiere, und so wagte ich die Bemerkung: „Und was für einen Schwanz er hatte!"

„Einen? Er hatte tausend!"

Das war verwirrend. Ich wußte nicht recht, was ich sagen sollte, und so bemerkte ich bloß: „Nun ja, in bezug auf Schwänze war er wirklich gut versehen!"

„Für einen Neger, und noch dazu einen verrückten, darf man das wohl sagen", erwiderte sie.

Mir wurde schwül und schwüler. Ich sagte mir: Ist es möglich, daß sie jetzt aufhört und wartet, daß ich rede? Wenn ja, dann ist es Schluß mit unserer Unterhaltung. Denn ein Neger mit tausend Schwänzen ist ein Thema, über das kein Mensch fließend und aufschlußreich reden kann, wenn er sich nicht mehr oder weniger vorbereitet hat. Sich kopfüber in eine so umfassende Frage stürzen ...

Hier unterbrach sie – ich war ihr dankbar dafür – meinen Gedankengang, indem sie sagte: „Ja, wenn die Geschichten seiner verrückten Wehwehchen anfingen – da war kein Ende abzusehen, wenn er einen Zuhörer fand. Sein eigenes Quartier war behaglich genug, aber sobald es kühl wurde, konnte die Familie sicher sein, daß er ihr Gesellschaft leistete – er war nicht außer Haus zu halten. Aber sie ertrugen es immer freundlich, weil er einige Jahre zuvor Toms Leben gerettet hatte. Sie erinnern sich doch an Tom?"

„Oh, sehr gut. Ein famoser Bursche war er."

„Ja, das war er. Und was für ein süßes kleines Ding war sein Kind!"

„Stimmt genau! Das süßeste Kind, das ich kenne!"

"I used to delight to pet it and dandle it and play with it."

"So did I."

"You named it. What *was* that name? I can't call it to mind."

It appeared to me that ice was getting pretty thin, here. I would have given something to know what the child's sex was. However, I had the good luck to think of a name that would fit either sex, – so I brought it out: "I named it Frances."

"From a relative, I suppose? But you named the one that died, too, – one that I never saw. What did you call that one?"

I was out of neutral names, but as the child was dead and she had never seen it, I thought I might risk a name for it and trust to luck. Therefore I said: "I called that one Thomas Henry."

She said, musingly: "That is very singular . . . very singular."

I sat still and let the cold sweat run down. I was in a good deal of trouble, but I believed I could worry through if she wouldn't ask me to name any more children.

I wondered where the lightning was going to strike next. She was still ruminating over that last child's title, but presently she said: "I have always been sorry you were away at the time, – I would have had you name my child."

"*Your* child! Are you married?"

"I have been married thirteen years."

"Christened, you mean."

"No, married. The youth by your side is my son."

"It seems incredible, – even impossible. I do not mean any harm by it, but would you mind telling me

„Ich habe es schrecklich gerne gehätschelt und auf den Schoß genommen und mit ihm gespielt."

„Ich auch."

„Sie haben ihm doch den Namen gegeben. Wie war nur der Name? Ich kann mich nicht darauf besinnen."

Hier schien mir das Eis ziemlich dünn zu werden. Ich hätte wer weiß was darum gegeben, wenn ich gewußt hätte, ob es ein Junge oder ein Mädchen war. Aber mir fiel zum Glück ein Name ein, der auf beide Geschlechter paßte. Deshalb sagte ich: „Ich nannte es Frances."

„Nach einem Verwandten, nehme ich an? Aber Sie waren doch bei dem anderen, das dann gestorben ist, auch Taufpate – ich habe es nie gesehen. Wie nannten Sie das Kleine?"

Die neutralen Namen waren mir ausgegangen, aber da das Kind tot war und sie es nie gesehen hatte, dachte ich mir, ich könne einen Namen riskieren und mich auf mein Glück verlassen. Deshalb sagte ich: „Das nannte ich Thomas Henry."

Nachdenklich meinte sie: „Das ist sehr eigenartig ... sehr eigenartig."

Ich saß still – mir lief der kalte Schweiß herunter. Ich war nicht schlecht in der Patsche, aber ich dachte, ich könnte mich hindurchwinden, falls sie mich nicht aufforderte, noch weiteren Kindern Namen zu geben.

Ich fragte mich, wo wohl der nächste Blitz einschlagen würde. Sie grübelte immer noch über den Namen des letzten Kindes, aber plötzlich sagte sie: „Es hat mir immer leid getan, daß Sie damals nicht da waren – ich hätte Sie gern zum Taufpaten meines Kindes gehabt."

„*Ihres* Kindes? Sind Sie verheiratet?"

„Ich bin seit dreizehn Jahren verheiratet."

„Getauft, meinen Sie."

„Nein, verheiratet. Der Junge da neben Ihnen ist mein Sohn."

„Das scheint unglaublich – sogar unmöglich! Ich möchte Sie nicht verletzen, aber würden Sie mir die Frage verübeln, ob

if you are any over eighteen? – that is to say, will you tell me how old you are?"

"I was just nineteen the day of the storm we were talking about. That was my birthday."

That did not help matters, much, as I did not know the date of the storm. I tried to think of some noncommittal thing to say, to keep up my end of the talk, and render my poverty in the matter of reminiscences as little noticeable as possible, but I seemed to be about out of noncommittal things. I was about to say, "You haven't changed a bit since then," – but that was risky. I thought of saying "You have improved ever so much since then," – but that wouldn't answer, of course.

I was about to try a shy at the weather, for a saving change, when the girl slipped in ahead of me and said: "How I have enjoyed this talk over those happy old times, – haven't you?"

"I never have spent such a half hour in all my life before!" said I, with emotion; and I could have added, with a near approach to truth, "and I would rather be scalped than spend another one like it."

I was holily grateful to be through with the ordeal, and was about to make my good-byes and get out, when the girl said: "But there is one thing that is ever so puzzling to me."

"Why, what is that?"

"That dead child's name. What did you say it was?"

Here was another balmy place to be in: I had forgotten the child's name; I hadn't imagined it would be needed again. However, I had to pretend to know, anyway, so I said: "Joseph William."

The youth at my side corrected me, and said: "No, Thomas Henry."

I thanked him, – in words, – and said, with trepida-

Sie überhaupt älter als achtzehn sind? – mit anderen Worten . . . würden Sie mir Ihr Alter verraten?"

„Am Tage jenes Sturms, von dem wir sprachen, war ich gerade neunzehn. Es war an meinem Geburtstag."

Das half mir auch nicht viel weiter, da ich das Datum des Sturms nicht wußte. Ich versuchte, mir etwas Unverbindliches auszudenken, das ich sagen konnte, um meinerseits die Unterhaltung fortzusetzen und meinen Mangel an Erinnerungen so wenig bemerkbar wie möglich zu machen. Aber mir schienen die unverbindlichen Dinge ziemlich ausgegangen zu sein. Ich wollte gerade sagen: „Sie haben sich aber seit damals kein bißchen verändert" – doch das war gewagt. Dann dachte ich: „Sie sehen so viel besser aus als damals" – aber das wäre natürlich auch nicht zweckdienlich.

Ich war drauf und dran, auf das Wetter abzuspringen, als letzte Rettung, doch das Mädchen schaltete sich vor mir ein und sagte: „Wie habe ich dieses Gespräch über alte Zeiten genossen – Sie nicht auch?"

„Solch ein Stündchen habe ich noch im ganzen Leben nicht gehabt!" sagte ich gefühlvoll; ich hätte hinzufügen können (damit wäre ich der Wahrheit nahe gekommen): „Und ich würde mich lieber skalpieren lassen, als noch mal so eines zu erleben!"

Ich dankte meinem Schöpfer, daß diese Prüfung vorbei war, und wollte mich empfehlen und weggehen, als das Mädchen sagte: „Aber eines kann ich nicht recht begreifen."

„Oh, was denn?"

„Das mit dem Namen des toten Kindes. Wie war er doch?"

Wieder saß ich in einer netten Situation: ich hatte den Namen des Kindes vergessen; mir war gar nicht eingefallen, daß ich ihn nochmals brauchen würde. Doch ich mußte tun, als wüßte ich ihn, und deshalb sagte ich: „Joseph William."

Der Junge an meiner Seite verbesserte mich: „Nein, Thomas Henry."

Ich dankte ihm – in Worten! – und sagte mit Zittern und

tion: "O yes, – I was thinking of another child that I named, – I have named a great many, and I get them confused, – this one *was* named Henry Thompson, –"

"Thomas Henry," calmly interposed the boy.

I thanked him again, – strictly in words, – and stammered out: "Thomas Henry, – yes, Thomas Henry was the poor child's name. I named him for Thomas, – er, – Thomas Carlyle, the great author, you know, – and Henry – er – er – Henry the Eighth. The parents were very grateful to have a child named Thomas Henry."

"That makes it more singular than ever," murmured my beautiful friend.

"Does it? Why?"

"Because when the parents speak of that child now, they always call it Susan Amelia."

That spiked my gun. I could not say anything. I was entirely out of verbal obliquities; to go further would be to lie, and that I would not do; so I simply sat still and suffered, – sat mutely and resignedly there, and sizzled, – for I was being slowly fried to death in my own blushes.

Presently the enemy laughed a happy laugh and said: "I *have* enjoyed this talk over old times, but you have not. I saw very soon that you were only pretending to know me and so, as I had wasted a compliment on you in the beginning, I made up my mind to punish you. And I have succeeded pretty well. I was glad to see that you knew George and Tom and Darley for I had never heard of them before and therefore could not be sure that you had; and I was glad to learn the names of those imaginary children, too. One can get quite a fund of information out of you, if one goes at it cleverly. Mary and the storm,

Beben: „Oh ja – ich dachte an ein anderes Kind, dem ich den Namen gab – ich tat es bei so vielen, daß ich sie durcheinander bringe – dieses Kind hieß natürlich Henry Thompson."

„Thomas Henry", warf der Junge ruhig ein.

Ich dankte ihm wieder – mit leeren Worten – und stammelte: „Thomas Henry – ja, Thomas Henry war der Name des armen Kleinen. Ich nannte ihn nach Thomas – hmm – Thomas Carlyle, dem großen Schriftsteller, wissen Sie – und Henry ... nach Heinrich dem Achten. Die Eltern waren sehr dankbar, daß sie ein Kind mit dem Namen Thomas Henry hatten."

„Das macht das Ganze noch sonderbarer", murmelte meine schöne Freundin.

„Ach nein ... wieso denn?"

„Weil ... wenn die Eltern jetzt von dem Kinde sprechen, nennen sie es immer Susanne Amelia."

Das schlug dem Faß den Boden aus. Ich konnte überhaupt nichts mehr sagen. Ich wußte kein Wort der Ausflucht mehr; jetzt hätte ich lügen müssen, und das wollte ich nicht tun; also saß ich einfach still und litt – saß stumm und ergeben da und zischte nur noch – denn ich fühlte mich vor lauter Erröten langsam gar-gegrillt.

Plötzlich lachte meine Gegenspielerin fröhlich auf und sagte: „*Mir* hat unser Gespräch über die alten Zeiten viel Spaß gemacht, aber Ihnen nicht. Ich sah sehr schnell, daß Sie sich nur so stellten, als kennten Sie mich, und nachdem ich zuerst ein Kompliment an Sie verschwendet hatte, beschloß ich, Sie zu bestrafen. Und es ist mir recht gut gelungen. Ich freue mich wirklich, daß Sie George und Tom und Darley kannten, denn ich hatte noch nie etwas von ihnen gehört und konnte deshalb nicht sicher sein, ob Sie sie kannten. Und ich war so froh, die Namen dieser imaginären Kinder zu erfahren. Aus Ihnen kann man einen ganzen Schatz an Auskünften herausholen, wenn man geschickt vorgeht. Mary und der Sturm, und die vorderen Boote,

and the sweeping away of the forward boats, were facts — all the rest was fiction. Mary was my sister; her full name was Mary —. *Now* do you remember me?"

"Yes," I said, "I do remember you now; and you are as hard-hearted as you were thirteen years ago in that ship, else you wouldn't have punished me so. You haven't changed your nature nor your person, in any way at all; you look just as young as you did then, you are just as beautiful as you were then, and you have transmitted a deal of your comeliness to this fine boy. There, — if that speech moves you any, let's fly the flag of truce, with the understanding that I am conquered and confess it."

All of which was agreed to and accomplished, on the spot.

When I went back to Harris, I said: "Now you see what a person with talent and address can do."

"Excuse me, I see what a person of colossal ignorance and simplicity can do. The idea of your going and intruding on a party of strangers, that way, and talking for half an hour; why, I never heard of a man in his right mind doing such a thing before. What did you say to them?"

"I never said any harm. I merely asked the girl what her name was."

"I don't doubt it. Upon my word I don't. I think you were capable of it. It was stupid in me to let you go over there and make such an exhibition of yourself. What will those people think of us? But how did you say it? — I mean the manner of it. I hope you were not abrupt."

"No, I was careful about that. I said 'My friend and I would like to know what your name is, if you don't mind.'"

die von den Wellen weggespült wurden, waren Tatsachen – alles andere war erfunden. Mary war meine Schwester; ihr voller Name war Mary ***. *Jetzt* erinnern Sie sich aber an mich?"

„Ja", sagte ich, „jetzt erinnere ich mich an Sie; und Sie sind so hartherzig, wie Sie vor dreizehn Jahren auf jenem Schiff waren, sonst hätten Sie mich nicht so gestraft! Sie haben weder Ihre Natur noch Ihre Person geändert, in keiner Weise; Sie sehen genauso jung aus, wie Sie damals aussahen. Sie sind ebenso schön, wie Sie damals waren, und Sie haben ziemlich viel von Ihrem guten Aussehen diesem hübschen Jungen vererbt. So – und wenn diese Rede Ihnen irgendwie zu Herzen geht, lassen Sie uns die Flagge des Waffenstillstandes aufziehen, mit dem Übereinkommen, daß ich mich als besiegt erkläre."

Dies alles wurde auf der Stelle feierlich bekräftigt und besiegelt.

Als ich zu Harris zurückkam, sagte ich: „Nun siehst du, was ein Mensch mit Talent und Gewandtheit fertigbringt."

„Entschuldige, ich sehe, was ein Mensch von ungeheurer Unwissenheit und Einfalt fertigbringt. Man stelle sich vor: du gehst und drängst dich einer fremden Tischgesellschaft auf – in dieser Art und Weise – und schwatzt eine halbe Stunde! Nun, ich habe noch nie gehört, daß ein normaler Mensch so etwas tut! Was hast du denn zu ihnen gesagt?"

„Ich habe nichts Schlimmes gesagt. Ich habe das Mädchen bloß gefragt, wie sie heißt."

„Das bezweifle ich nicht. Auf mein Wort. Ich glaube, du bist dazu imstande. Es war dumm von mir, dich hinübergehen zu lassen, damit du so einen Narren aus dir machst. Was werden diese Leute von uns denken? Wie hast du es ihnen denn gesagt – ich meine, auf welche Art? Ich hoffe, nicht einfach so kurz angebunden."

„Nein, ich habe mir Mühe gegeben. Ich sagte: ‚Mein Freund und ich würden gern wissen, wie Sie heißen, wenn Sie's nicht übelnehmen.'"

"No, that was not abrupt. There is a polish about it that does you infinite credit. And I am glad you put me in; that was a delicate attention which I appreciate at its full value. What did she do?"

"She didn't do anything in particular. She told me her name."

"Simply told you her name. Do you mean to say she did not show any surprise?"

"Well, now I come to think, she did show something: maybe it was surprise; I hadn't thought of that, – I took it for gratification."

"Oh, undoubtedly you were right; it must have been gratification; it could not be otherwise than gratifying to be assaulted by a stranger with such a question as that. Then what did you do?"

"I offered my hand and the party gave me a shake."

"I saw it! I did not believe my own eyes, at the time. Did the gentleman say anything about cutting your throat?"

"No, they all seemed glad to see me, as far as I could judge."

"And do you know, I believe they were. I think they said to themselves, 'Doubtless this curiosity has got away from his keeper – let us amuse ourselves with him'. There is no other way of accounting for their facile docility. You sat down. Did they *ask* you to sit down?"

"No, they did not ask me, but I suppose they did not think of it."

"You have an unerring instinct. What else did you do? What did you talk about?"

"Well, I asked the girl how old she was."

"Undoubtedly. Your delicacy is beyond praise. Go on, go on, – don't mind my apparent misery, – I always look so when I am steeped in a profound and reverent joy. Go on, – she told you her age?"

„Nein, das war nicht kurz angebunden. Das zeigt einen Schliff, der dir unendlich Ehre macht. Und ich bin froh, daß du mich mit hineingebracht hast; das war eine zarte Aufmerksamkeit, die ich nach ihrem vollen Wert zu schätzen weiß. Was tat sie darauf?"

„Sie tat nichts Besonderes. Sie sagte mir ihren Namen."

„Sagte dir einfach ihren Namen! Willst du etwa behaupten, daß sie keinerlei Überraschung zeigte?"

„Nun, wenn ich's mir jetzt überlege, zeigte sie etwas – vielleicht war es Überraschung; daran hatte ich nicht gedacht – ich hielt es für Genugtuung."

„Oh, da hattest du zweifellos recht; es muß Genugtuung gewesen sein; es konnte nichts anderes als Befriedigung darüber sein, von einem Fremden mit so einer Frage überfallen zu werden! Und was tatest du weiter?"

„Ich streckte ihnen die Hand hin, und alle schüttelten sie."

„Das habe ich gesehen. Ich wollte meinen Augen nicht trauen! Hat der Herr dir nicht angeboten, dir die Kehle durchzuschneiden?"

„Nein, sie schienen alle erfreut darüber, mich zu sehen – soweit ich das beurteilen kann."

„Und weißt du was? Ich glaube, sie waren es tatsächlich. Ich glaube, sie sagten sich: ‚Zweifellos ist dieses Prachtstück seinem Wärter entwischt – also wollen wir unsern Spaß an ihm haben.' Es gibt keine andere Erklärung für ihre freundliche Nachsicht. Du hast dich gesetzt. Hatten sie dich *gebeten*, Platz zu nehmen?"

„Nein, gebeten haben sie mich nicht, aber ich nehme an, sie hatten es bloß vergessen."

„Du hast einen unfehlbaren Instinkt. Was hast du noch getan? Worüber hast du mit ihnen gesprochen?"

„Nun, ich habe das Mädchen gefragt, wie alt sie ist."

„Zweifellos! Dein Zartgefühl ist über jedes Lob erhaben. Weiter, weiter – mach dir nichts aus meinem scheinbaren Katzenjammer – so sehe ich immer aus, wenn ich in tiefer und ehrfürchtiger Freude fast ertrinke. Nur weiter – sie sagte dir also, wie alt sie ist?"

"Yes, she told me her age, and all about her mother, and her grandmother, and her other relations, and all about herself."

"Did she volunteer these statistics?"

"No, not exactly that. I asked the questions and she answered them."

"This is divine. Go on, – it is not possible that you forgot to inquire into her politics?"

"No, I thought of that. She is a democrat, her husband is a republican, and both of them are Baptists."

"Her husband? Is that child married?"

"She is not a child. She is married, and that is her husband who is there with her."

"Has she any children?"

"Yes, – seven and a half."

"That is impossible."

"No, she has them. She told me herself."

"Well, but seven and a *half*? How do you make out the half? Where does the half come in?"

"That is a child which she had by another husband, – not this one but another one, – so it is a step-child, and they do not count it full measure."

"Another husband? Has she had another husband?"

"Yes, four. This one is number four."

"I don't believe a word of it. It is impossible, upon its face. Is that boy there her brother?"

"No, that is her son. He is her youngest. He is not as old as he looks; he is only eleven and a half."

"These things are all manifestly impossible. This is a wretched business. It is a plain case: they simply took your measure, and concluded to fill you up. They seem to have succeeded. I am glad I am not in the mess; they may at least be charitable enough to think there ain't a pair of us. Are they going to stay here long?"

"No, they leave before noon."

„Ja, sie erzählte mir, wie alt sie ist, und alles über ihre Mutter und ihre Großmutter und ihre anderen Verwandten, und alles über sich selbst."

„Hat sie dir freiwillig diese Statistik geliefert?"

„Nein, das nicht gerade. Ich habe eben Fragen gestellt, und sie hat sie beantwortet."

„Göttlich. Nur weiter – du hast doch bestimmt nicht vergessen, sie nach ihrer politischen Einstellung zu befragen."

„Nein, ich habe daran gedacht. Sie ist Demokratin, ihr Mann Republikaner, und sie sind beide Baptisten."

„Ihr Mann? Ist dieses Kind denn verheiratet?"

„Sie ist kein Kind. Sie ist verheiratet, und der Herr dabei ist ihr Mann."

„Hat sie auch Kinder?"

„Ja – siebeneinhalb."

„Das ist unmöglich."

„Nein, sie hat sie tatsächlich. Sie hat's mir selbst gesagt."

„Nun ja – aber siebeneinhalb? Wie meinst du das Halbe? Wie kommt das Halbe da hinein?"

„Es ist das Kind, das sie von einem andern Ehemann hatte – nicht von diesem, sondern von einem andern – also ist es ein Stiefkind, und sie rechnen es nicht für voll."

„Von einem andern? Sie hat einen andern Mann gehabt?"

„Ja, vier. Dieser hier ist Nummer vier."

„Davon glaub ich kein Wort. Es ist unmöglich, das liegt auf der Hand. Ist der Junge da drüben ihr Bruder?"

„Nein, das ist ihr Sohn. Er ist ihr Jüngster. Er ist nicht so alt, wie er aussieht; er ist bloß elfeinhalb."

„Das ist alles ausgesprochen unmöglich. Es ist eine schöne Blamage. Ein klarer Fall: sie haben dir richtig Maß genommen und beschlossen, dir einen schönen Bären aufzubinden. Es ist ihnen anscheinend gelungen. Ich bin froh, daß ich nicht mit blamiert bin; vielleicht sind sie so barmherzig, uns nicht für zwei dicke Freunde zu halten. Werden sie lange hierbleiben?"

„Nein, sie fahren noch heute vormittag weg."

"There is one man who is deeply grateful for that. How did you find out? You asked, I suppose?"

"No, along at first I inquired into their plans, in a general way, and they said they were going to be here a week, and make trips round about; but toward the end of the interview, when I said you and I would tour around with them with pleasure, and offered to bring you over and introduce you, they hesitated a little, and asked if you were from the same establishment that I was. I said you were, and then they said they had changed their mind and considered it necessary to start at once and visit a sick relative in Siberia."

"Ah me, you struck the summit! You struck the loftiest altitude of stupidity that human effort has ever reached. You shall have a monument of jackasses' skulls as high as the Strasburg spire if you die before I do. They wanted to know if I was from the same 'establishment' that you hailed from, did they? What did they mean by 'establishment?'"

"I don't know; it never occurred to me to ask."

"Well I know. They meant an asylum – an *idiot* asylum, do you understand? Now what do you think of yourself?"

"Well. I don't know. I didn't know I was doing any harm; I didn't *mean* to do any harm. They were very nice people, and they seemed to like me."

Harris made some rude remarks and left for his bedroom, – to break some furniture, he said. He was a singularly irascible man; any little thing would disturb his temper.

I had been well scorched by the young woman, but no matter, I took it out of Harris. One should always "get even" in some way, else the sore place will go on hurting.

„Einen kenne ich, der ihnen zutiefst dankbar ist. Wie hast du es erfahren? Du hast sie gefragt, nehme ich an?"

„Nein, anfangs fragte ich sie beiläufig nach ihren Plänen, so im allgemeinen, und sie sagten, sie wollten eine Woche hierbleiben und Ausflüge in die Umgegend machen; aber gegen Ende unseres Gesprächs, als ich sagte, wir beide würden ihre Ausflüge mit Vergnügen mitmachen, und ihnen anbot, dich herüberzuholen und ihnen vorzustellen, zögerten sie ein bißchen und fragten, ob du aus demselben Etablissement kämst wie ich. Ich sagte ja, und dann meinten sie, sie hätten sich's anders überlegt und hielten es für unerläßlich, sofort aufzubrechen und einen kranken Verwandten in Sibirien zu besuchen."

„Lieber Himmel, das ist die Höhe! Du hast den erhabensten Gipfel der Dummheit erklommen, den menschliche Anstrengung erreichen kann! Wenn du vor mir sterben solltest, bekommst du ein Denkmal, so hoch wie das Straßburger Münster, aus lauter Eselsköpfen! Sie wollten wissen, ob ich aus demselben ‚Etablissement' käme wie du, nicht wahr? Was meinten sie denn mit ‚Etablissement'?"

„Das weiß ich nicht; ich kam nicht auf den Gedanken, danach zu fragen."

„Nun, *ich* weiß es. Sie meinten eine *Anstalt*, eine *Irrenanstalt*, verstehst du? Na, wie kommst du dir jetzt vor?"

„Ach, ich weiß nicht. Ich hatte doch nichts Schlimmes im Sinn. Ich wollte wirklich nichts Schlimmes. Es waren nette Leute, und ich schien ihnen zu gefallen."

Harris sprach einige sehr rauhe Worte und ging in sein Zimmer – um ein paar Möbel zu zertrümmern, sagte er. Er war ein merkwürdig reizbarer Mensch; die kleinste Kleinigkeit konnte ihm die Laune verderben.

Die junge Frau hatte mich auf kleinem Feuer geröstet, aber das machte nichts – ich hatte es an Harris weitergegeben. Man muß immer irgendwie mit gleicher Münze zurückzahlen – sonst behält man eine empfindliche Stelle.

Anzeige des Deutschen Taschenbuch Verlages

Für Unersättliche (und für Systematische) hier ein Verzeichnis der zweisprachigen Sammelbände amerikanischer Kurzgeschichten:

American Short Stories (1) / Amerikanische Kurzgeschichten (1). Anderson, Caldwell, Faulkner, Saroyan, Steinbeck, Thurber, Wilder. – dtv 9003

American Short Stories (2) / Amerikanische Kurzgeschichten (2). Harte, Hawthorne, London, Melville, Poe, Mark Twain. – dtv 9006 – also der vorliegende Band

American Short Stories (3) / Amerikanische Kurzgeschichten (3). Berriault, Bradbury, Capote, Jackson, McCarthy, McCullers, McKinley, Warren. – dtv 9222

New American Short Stories / Neue amerikanische Kurzgeschichten. Barany, Hatley, Johnson, La Puma, Minot, Newman, Tunstall, Walker. – dtv 9263

New American Stories, Taut And Strange / Neue amerikanische Erzählungen. Carver, Cohen, Gabriel, Gallagher, Sayles, Thurm, Williams. – dtv 9276

Love Stories / Amerikanische Liebesgeschichten. Callaghan, Campbell, Fitzgerald, Hemingway, McCullers, Oates, Shaw, Wouk. – dtv 9190

Sense of Humour / Amerikanische Kurzgeschichten. Brown, Carroll, Collier, Jaffe, Lardner, Runyan, White. – dtv 9283

Das sind nur die amerikanischen Sammelbände. Es lohnt sich, das Gesamtverzeichnis der Reihe dtv zweisprachig anzufordern: beim Deutschen Taschenbuch Verlag, Postfach 40 04 22, D-München 40.